Kommunikation in Institutionen
am Beispiel der
Arzt-Patient-Kommunikation
im Krankenhaus

Sabine Hömke

KOMMUNIKATION IN INSTITUTIONEN AM BEISPIEL DER ARZT-PATIENT-KOMMUNIKATION IM KRANKENHAUS

ibidem-Verlag
Stuttgart

Die Deutsche Bibliothek - CIP-Einheitsaufnahme:

Ein Titeldatensatz für diese Publikation ist bei
Der Deutschen Bibliothek erhältlich

∞

Gedruckt auf alterungsbeständigem, säurefreien Papier
Printed on acid-free paper

ISBN: 3-89821-197-5
© *ibidem*-Verlag
Stuttgart 2002
Alle Rechte vorbehalten

Das Werk einschließlich aller seiner Teile ist urheberrechtlich geschützt. Jede Verwertung
außerhalb der engen Grenzen des Urheberrechtsgesetzes ist ohne Zustimmung des
Verlages unzulässig und strafbar. Dies gilt insbesondere für Vervielfältigungen,
Übersetzungen, Mikroverfilmungen und elektronische Speicherformen sowie die
Einspeicherung und Verarbeitung in elektronischen Systemen.

Printed in Germany

Meinen Eltern Ingrid und Horst Hömke

*Aber der Mensch ist gut beraten,
wenn er sich in seinem ganzen Leben hohe Ziele steckt.
Man kann sich dann ein Leben lang nach ihnen ausstrecken
und auch das Erfolgserlebnis haben,
seinem Ziel ab und zu wenigstens einen Schritt näherzukommen.*

(Curt M. Genewein)

INHALT

EINLEITUNG	**1**
1 DIE TOTALE INSTITUTION KRANKENHAUS	**7**
1.1 Die Geschichte des Krankenhauses	8
1.2 Die Geschichte des medizinischen Unterrichts	12
1.3 Die Geschichte der Visite	14
1.4 Die totale Institution	16
1.4.1 Definition totaler Institutionen	16
1.4.2 Merkmale totaler Institutionen	17
1.4.3 Bedingungen, unter denen Mitglieder totaler Institutionen leben	20
2 KOMMUNIKATIONSRAUM KRANKENHAUS	**25**
2.1 Arzt-Patient-Kommunikation im Krankenhaus	25
2.1.1 Das Gespräch zwischen Arzt und Patient	28
2.2 Kommunikationsmodell und Gesprächsführung	29
2.2.1 Das TALK-Modell als Beispiel eines Kommunikationsmodells	29
2.2.1.1 Ausdruck	30
2.2.1.2 Lenkung	31
2.2.1.3 Kontakt	32
2.2.2 Die Gesprächsführung	33
2.2.2.1 Die patientenorientierte Gesprächsführung	33
3 DIE STATIONSVISITE	**37**
3.1 Das Arzt-Patient-Gespräch während der Stationsvisite	39
3.2 Die Visite auf einer internistischen Station des Klinikums der TU Dresden	41
3.2.1 Der Verlauf der Stationsvisite	42
3.2.2 Interviews	53
3.3 Die Visite auf einer internistischen Station des Klinikums der UGH Essen	61
3.3.1 Der Verlauf der Stationsvisite	61
3.3.2 Interviews	74
3.4 Vergleich der Visiten in Dresden und Essen	90
3.4.1 Vergleich des Verlaufs der Visiten in Dresden und Essen	90
3.4.2 Vergleich der Interviews	92
3.4.3 Fazit	93
4 DIE IDEALE STATIONSVISITE	**97**
5 SCHLUSSBEMERKUNG	**101**

6 ANHANG 103

6.1 Fragebogen 103

6.1.1 Fragebogen (Patienten) 103
    6.1.1.1 Fragebogen (Patienten in Dresden) 105
    6.1.1.2 Fragebogen (Patienten in Essen) 119

6.1.2 Fragebogen (Ärzte) 131
    6.1.2.1 Fragebogen (Ärzte in Dresden) 132
    6.1.2.2 Fragebogen (Ärzte in Essen) 137

6.2 Gesprächsprotokolle 145

6.2.1 Memo für Gesprächsprotokolle 145

7 BIBLIOGRAPHIE 149

Einleitung

Im Vergleich zu früheren Zeiten hat das wissenschaftliche Interesse an der Arzt-Patient-Kommunikation in den letzten 10 - 15 Jahren stark zugenommen. Dafür lassen sich m. E. mehrere Gründe anführen: Für die Medizin hat das Thema dadurch an Bedeutung gewonnen, dass trotz des Einsatzes teurer technischer Apparate, Medikamente oder auch durch Operationen usw. einige Menschen von ihrer Krankheit geheilt werden konnten, andere Menschen mit den gleichen Krankheitszeichen[1] aber nicht. Es galt also herauszufinden, welche Ursachen es dafür geben konnte.

> „Ausgangspunkt jeder wissenschaftlichen Erkenntnis (Entdeckung und Erklärung von Zusammenhängen zwischen Phänomenen) ist das Vorhandensein eines Problems. Wir sind „nicht daran interessiert, alles und jedes zu erklären, sondern nur solche Sachverhalte, die gemessen an unseren Zielvorstellungen ein Problem darstellen" (Stromberger 1978, S. 30) Wissenschaftliche Erkenntnis beginnt daher „nicht mit Wahrnehmungen oder Beobachtungen, sondern sie beginnt mit *Problemen*" (Popper 1972, S. 104)" [...] Probleme entstehen also immer dann, wenn Wissen endet, erst dann werden Fragen gestellt, und ebendiese Fragen führen schließlich dazu, daß man nach neuen (nicht bekannten oder nicht entdeckten) Zusammenhängen sucht."[2]

In diesem Fall war der Zusammenhang die Einstellung des Patienten zu seiner Krankheit, denn oftmals entscheidet eben diese Einstellung mit über den Heilungsverlauf. Die Kommunikation spielt hier eine wesentliche Rolle, denn mittels Kommunikation hat der Arzt u.a. die Möglichkeit, den Patienten positiv zu beeinflussen.[3] Aus linguistischer Sicht steht nicht der medizinische Nutzen im Vordergrund, sondern hier dürfte die Gesprächsanalyse an sich als Untersuchungsobjekt von entscheidender Bedeutung sein. Für die Soziologie bietet sich mit der Arzt-Patient-Kommunikation hingegen eine weitere Möglichkeit, 'institutionelle Kommunikation' zu erforschen, wobei der medizinische Aspekt eine untergeordnete Rolle spielt.

> „When the sociologist studies medicine, he is studying work. Medicine has no unique interest for sociology. The justification for its study lies in the light it throws on more general forms of social organization. The sociologist's interest, therefore, is first in the institutions in which the work goes on. Secondly, the sociologist is interested in medicine as part of the occupational division of labor in society. Finally, sociologists are interested in the social psychology of work, that is in the relation of work to personality organization. ... The hospital for purpose of study turns out to be a peculiarly useful representative of the class of social institutions"[4]

Die gesamte Untersuchung soll auf der Tatsache basieren, dass es sich bei dem Forschungsgegenstand 'Arzt-Patient-Kommunikation' um *institutionelle Kommunikation* handelt, die innerhalb der *totalen Institution* Krankenhaus stattfindet. Es gilt daher im

---

[1] s. Abschnitt 2.1.1 (Definition von 'Krankheitszeichen')
[2] Burkart (1995:391)
[3] s. Abschnitt 2.1.1
[4] Hall zit. n. Rohde (1974:7)

Laufe der Analyse zu klären, in welchem Zusammenhang Begriffe wie 'Institution', 'totale Institution'[5] und 'institutionelle Kommunikation' mit der Arzt-Patient-Kommunikation im Krankenhaus stehen. Dabei ergeben sich schon durch den Begriff 'Institution' Probleme, denn es gibt eine Vielzahl von Phänomenen, die als Institution bezeichnet werden, die aber eigentlich grundverschieden sind. Daher ist vielleicht auch zu erklären, dass es fast ebenso viele Definitionen von Institution gibt wie es Institutionen selbst gibt. Eine Definition von Bernsdorf lautet:

> „Institution nennen wir die jeweils kulturell geltende, einen Sinnzusammenhang bildende, durch Sitte und Recht öffentlich garantierte Ordnungsgestalt, in der sich das Zusammenleben von Menschen darbietet. Der Anwendungsbereich der Terminus I. ist freilich schwankend, es fallen darunter Gestalten mit unübersehbarem Kleingruppenhintergrund (wie z.b. Ehe und Familie) andererseits auch 'große', z.T. hochkomplexe Systeme: Vertrags- und Verwaltungsformen, Phänomene wie Gastrecht, Asyl. Schuldknechtschaft, Sklaverei, Feudalismus, Herrschaftsformen (u.a. Bürokratie), Marktformen, die 'Stadt' u.a.m."[6]

Dem amerikanischen Soziologen W.G. Sumner zufolge bestehen Institutionen aus zwei Teilen.

> „An institution consists of a concept (idea, notion, doctrine, interest) and a structure. The structure is a framework, or apparatus or perhaps only a number of functionaries set to cooperate in prescribed ways at a certain conjuncture. The structure holds the concept and furnishes instrumentalities for bringing it into the world of facts and action in a way to serve the interests of men in society".[7]

Auch für den Begriff 'totale Institution' bietet die Soziologie laut Goffman „keine wirklich zutreffende Definition."[8] Es lässt sich für die totale Institution ebenso wenig ein allgemeines Profil erstellen wie für die Institution. Es gibt einige Merkmale, die auf die meisten totalen Institutionen zutreffen, aber eben nicht auf alle. Andererseits gibt es Merkmale, die nur für eine Institution gelten und trotzdem kann diese als totale Institution definiert werden. Goffman beschreibt totale Institutionen folgendermaßen: „Soziale Einrichtungen - in der Alltagssprache Anstalten (institutions) genannt - sind Räume, Wohnungen, Gebäude oder Betriebe, in denen regelmäßig eine bestimmte Tätigkeit ausgeübt wird."[9]

Im Rahmen einer vergleichenden Studie möchte ich die Arzt-Patient-Interaktion aus kommunikationswissenschaftlicher Sicht untersuchen. Dabei sollen die Merkmale der Stationsvisite an einem Krankenhaus in den alten Bundesländern und der Stationsvi-

---

[5] s. Abschnitt 1.4
[6] Bernsdorf zit. n. Schülein (1987:9)
[7] Sumner zit. n. Schülein (1987:47)
[8] Goffman (1973:15)
[9] Goffman (1973:15)

site an einem Krankenhaus in den neuen Bundesländern der Bundesrepublik Deutschland erörtert werden.

„Für die Bevorzugung des Krankenhauses als Untersuchungsobjekt spricht [weiter] der Umstand, daß wir es hier mit einem zwar komplizierten, aber dennoch relativ leicht abgrenzbaren Gegenstand zu tun haben, der durch seine organisatorische Geschlossenheit operationell leichter zu isolieren, also gesondert zu betrachten ist als etwa das Gesamt der freien ärztlichen Praxis, dessen Untersuchung damit nicht für zweitrangig erklärt werden soll."[10]

Die Untersuchung soll dazu dienen, Gemeinsamkeiten bzw. Unterschiede bei der Visite herauszufinden, mit dem Ziel, den Ursprung dieser Unterschiede zu analysieren. Die Fragestellung soll daher lauten: Welche Unterschiede gibt es zwischen der Stationsvisite am Klinikum der Universität Gesamthochschule Essen und am Klinikum der Technischen Universität Dresden, und lassen sich diese Unterschiede auf die ehemals konträren politischen Systeme zurückführen? In beiden Kliniken habe ich jeweils an fünf aufeinanderfolgenden Tagen (montags bis freitags) an der Visite auf einer Station der Inneren Medizin als Beobachterin teilgenommen. Neben der Motivation und dem Verhalten sowohl der Ärzte als auch der Patienten waren dabei für mich die gesellschaftlichen Randbedingungen, die in Kommunikationsprozesse jeglicher Art enthalten sind, von besonderem Interesse.

„Nach Badura hat eine sozialwissenschaftliche Analyse von menschlicher Kommunikation zunächst mehrfache Enkodierungs- und Dekodierungsprozesse zu berücksichtigen, die der syntaktischen, semantischen und pragmatischen Dimension sprachlicher Zeichen entsprechen. Sie wird sich jedoch nicht mit der Behandlung rein sprachlicher Variablen zufrieden geben dürfen, sondern sie wird auch danach fragen müssen, unter welchen **„gesellschaftlichen Randbedingungen"** (Badura 1992, S. 19) die kommunikativen Prozesse ablaufen. Badura nennt dann vier Klassen solcher Randbedingungen: a) die Kommunikationssituation, b) das Informationsniveau, c) den emotiven Erlebnishorizont und d) die Interessen."[11]

Bezogen auf den Gegenstand der Untersuchung kann die **Kommunikationssituation** klar definiert werden, denn es handelt sich um die Stationsvisite[12], die einmal täglich im Krankenhaus stattfindet, und bei der es sich um „weitgehend ritualisierte Interaktion"[13] handelt. Die Informationsaufnahme kann durch Sprachbarrieren, die zwischen Arzt und Patient bestehen, gestört werden, außerdem kann ein Rahmenkonflikt dadurch entstehen, dass sowohl die Welt des Experten auf den Laien trifft als auch die Fachsprache des Arztes auf die Alltagssprache des Patienten.

„Was das **Informationsniveau** betrifft, so wird der Umstand, wie verständlich, wie abstrakt, wie konkret etc. eine Information aufbereitet ist, Einfluß auf ihre Verstehbarkeit haben, ebenso

---

[10] Rohde (1974:7)
[11] Burkart (1995:401)
[12] s. Kapitel 3
[13] Löning (1985:155)

wird das beim Empfänger bereits vorhandene Vorwissen den Übertragungsprozeß beeinflussen, also z. B. beschleunigen, verlangsamen oder ganz behindern."[14]

Entscheidend für den Informationsübertragungsprozess ist aber auch der **emotive Erlebnishorizont**, denn ein Patient, der schon mehrfach operiert wurde, wird z.B. andere Gefühle und Einstellungen bezüglich der Ankündigung einer Operation entwickeln als ein Patient, dem diese Mitteilung zum ersten Mal gemacht wird. Und letztendlich „beeinflussen die **Interessen**, die einem Thema und/oder einer Person entgegengebracht werden, sowohl die Selektion der Information als auch die Qualität des Ver- und Entschlüsselungsprozesses [...]."[15] Wenn ein Arzt einen Patienten z.B. davon überzeugen will, dass bestimmte Verhaltensweisen oder Ernährungsgewohnheiten für den Heilungsverlauf besonders wichtig sind, wird er ihm das in einer für den Patienten verständlichen Sprache mitteilen. Der Patient seinerseits wird sich bemühen, alles zu verstehen, denn sein Interesse besteht darin, möglichst schnell geheilt entlassen zu werden, um der totalen Institution Krankenhaus[16] zu entfliehen. Abschließend kann man sagen, dass „jeder real stattfindende Kommunikationsprozeß [...] unter „gesellschaftlichen Randbedingungen" statt[findet], die seinen Verlauf beeinflussen."[17]

Um herauszufinden, wie sich die Kommunikationssituation während der Stationsvisite genau darstellt, sollen sowohl persönliche Eindrücke und Feststellungen der Patienten und der Ärzte als auch meine Beobachtungen, Aufzeichnungen und Messungen in die Analyse einfließen. Zu diesem Zweck habe ich an beiden Kliniken Fragebögen[18] sowohl an Patienten als auch an Ärzte ausgegeben. Diese Fragebögen enthalten neben Angaben zum Alter, Geschlecht, Bildungsgrad und Herkunft der Patienten spezielle Fragen zur Kommunikation zwischen Arzt und Patient bzw. zum Kommunikationsrahmen der stationären Visite. Die Auswertung der Fragebögen soll ergeben, in wie weit die Eindrücke der Patienten und der Ärzte übereinstimmen und ob dies an beiden Kliniken in gleichem Maße der Fall ist. Im Gegensatz zu bisherigen Untersuchungen auf dem beschriebenen Gebiet, wurden in diesem Fall beim Visitengespräch weder eine Videokamera noch ein Tonband oder sonstige technische Geräte zur Datenerhebung eingesetzt. Daraus folgt, dass bei der Gesprächsanalyse nicht das Gespräch selbst, sondern die Intention, die mit diesem Gespräch verbunden ist, von be-

---

[14] Burkart (1995:403)
[15] Burkart (1995:403)
[16] s. Abschnitt 1.4
[17] Burkart (1995:403)
[18] s. Abschnitt 6.1.1 und 6.1.2

sonderer Bedeutung ist. Es gilt herauszufinden, ob es sich bei der Visite generell um einen konstruktiven Dialog zwischen Arzt und Patient handelt, oder ob die Visite für den Patienten eine völlig andere Bedeutung hat als für den Arzt. Dabei ist vor allen Dingen darauf zu achten, *wie* der Arzt mit dem Patienten und *wie* der Patient mit dem Arzt spricht. Daran schließt sich die Frage an, ob es einen Zusammenhang zwischen dem jetzigen Verhalten der Patienten gegenüber den Ärzten und ihrem soziokulturellen Hintergrund (also dem jeweiligen politischen System bzw. dem jeweiligen Bildungsgrad) gibt. Werden Patienten aufgrund ihrer Herkunft unterschiedlich behandelt? Spricht also der Arzt aus dem Westen mit dem Patienten aus dem Osten anders als mit dem Patienten aus dem Westen bzw. spricht der Arzt aus dem Osten mit dem Patienten aus dem Osten anders als mit dem Patienten aus dem Westen?

„Die Art der Beziehung stellt also in gewissem Sinn einen Rahmen für mögliche Sprechakte bereit. Von außen betrachtet, hat ja jeder dieser Interaktionsteilnehmer bereits eine bestimmte soziale Position, in der er in Erscheinung tritt. Soziologisch gesprochen, greifen in jeder Interaktion eigentlich soziale Positionen ineinander (vgl. Wunderlich 1976, S. 17): Es treten nicht „bloße" Personen zueinander in Beziehung, sondern die Person „A" [...] [als Arzt] mit der Person „B" [...] [als Patient], die Person „X" [...] [als Schwesternschülerin] mit der Person „Y" [...] [als Oberschwester] usw. Von innen betrachtet, bieten diese sozialen Positionen den Gesichtspunkt, von dem aus das Verhalten des jeweiligen Interaktionspartners gedeutet werden kann. Man kann sogar behaupten, dass dieser Gesichtspunkt, von dem aus man seinen Interaktionspartner sieht, in gewisser Weise auch einen Rahmen für die *Inhalte* potenzieller Aussagen bereitstellt."[19]

Zu Beginn der Untersuchung ist es notwendig festzustellen, wie viele Patienten sich während meiner Anwesenheit auf der Station befinden und wie groß damit deren Auslastung ist. M. E. entscheidet die Anzahl der Patienten im Verhältnis zur Größe der Station mit darüber, wie intensiv sich das Pflegepersonal und speziell die Ärzte mit dem Patienten beschäftigen können. Je mehr Patienten gleichzeitig behandelt werden müssen, umso weniger Zeit hat der Arzt für jeden einzelnen von ihnen. Da aber die medizinische Behandlung auf keinen Fall minimiert werden darf, wird sich der Zeitmangel am ehesten an der verminderten Kommunikationsbereitschaft der Ärzte gegenüber den Patienten bemerkbar machen.

Außerdem wäre, abgesehen von der Visite, noch zu klären, ob es möglicherweise generelle Unterschiede zwischen dem Dresdener und dem Essener Klinikum gibt. Dazu könnte u.a. die Kleidung der Ärzte gehören oder aber auch das Verhalten der Ärzte gegenüber den Patienten, den Schwestern, den Pflegern oder das Verhalten untereinander. Eventuell gibt es auch Unterschiede bei der Größe der Zimmer oder deren Ausstattung (ist der Patient allein durch die Einrichtung bzw. Bettwäsche ständig ge-

---

[19] Burkart (1995:77)

zwungen an seine Krankheit zu denken?). Gibt es Besuchszeiten, die strikt einzuhalten sind? All dies hat Einfluss auf die Kommunikation zwischen Arzt und Patient.

Bei eigenen stationären Aufenthalten als Patientin fiel mir mehrfach auf, dass sich Gespräche zwischen Arzt und Patient im Krankenhaus deutlich von "alltäglicher" Kommunikation unterscheiden. Diese Feststellung und das Interesse, herauszufinden, worauf sich diese Unterschiede gründen, veranlassten mich dazu, mich mit dem Thema "Arzt-Patient-Kommunikation" auseinanderzusetzen.

1 Die totale Institution Krankenhaus

Die moderne Medizin wäre ohne Krankenhäuser undenkbar, denn in der heutigen Zeit bilden Krankenhäuser den Mittelpunkt des Gesundheitswesens.

"Historisch gesehen ist diese tragende Rolle des Krankenhauses eine vergleichsweise späte Erscheinung. Erst zwischen 1750 und 1850 verwandelt sich sein Vorläufer, das traditionsreiche *christliche Hospital der Armen*, in eine Aufnahmestätte behandlungsfähiger Patienten."[20]

Das Krankenhaus als allgemein verbreitete Einrichtung, so wie wir es heute kennen, ist ein Erzeugnis des 19. Jahrhunderts. Mit der Industrialisierung nimmt die Zahl der Krankenhäuser zu. Doch selbst im späten 19. Jahrhundert sind Krankenhäuser nahezu ausschließlich für die armen und niederen Bevölkerungsschichten da. Später werden allerdings auch gerne reiche Patienten aufgenommen, um damit die schlechte Finanzlage der "Armenhäuser" zu verbessern.[21] Abgesehen davon, dass auch heute aus finanziellen Gründen gerne Privatpatienten aufgenommen werden, ist erkennbar, dass Krankenhäuser nicht immer das waren, was sie heute – zumindest in Deutschland – sind: "Heilanstalten", die Patienten mit Krankheiten jeder Art, Patienten jeden Alters und jeder sozialen Schicht aufnehmen. Noch um 1800 wurden zum Beispiel Schwangere, kleine Kinder oder Patienten mit Epilepsie im "Allgemeinen Krankenhaus" nicht aufgenommen. Eine erste Einrichtung, die sich jedoch als Heilanstalt verstanden wissen wollte, war das Danziger Stadtlazarett, das nicht mehr – wie zur damaligen Zeit üblich – als "Bewahranstalt" dienen wollte, sondern den Anspruch hatte, Patienten zu heilen.

"Der Ursprung des Danziger Stadtlazaretts reicht bis in die Zeit des deutschen Ordens zurück. Es ist überliefert, dass das Hospital 1455 zerstört wurde, 1515 neu erstand, aber schon 1520 dem Erdboden wieder gleich gemacht wurde, weil die Verteidigung der Stadt bei einer Belagerung dies erheischte. 1527 aber erhebt sich das Hospital von neuem und dieser Bau ist der Kern des heutigen Stadtlazaretts."[22]

Wie wichtig Krankenhäuser generell sind, zeigt sich daran, dass eine Vielzahl von Behandlungen, lebensrettender Operationen, oder auch die über einen längeren Zeitraum notwendige Beobachtung eines Patienten, der z.B. auf ein neues Medikament eingestellt werden muss[23], häufig nur in einem Krankenhaus durchführbar sind.

---

[20] Karenberg (1996:270)
[21] vgl. Jetter (1977:2)
[22] Wenn von dem 'heutigen Stadtlazarett' gesprochen wird, dann ist dazu anzumerken, dass der Artikel von Wolf Becher in einem Buch erschien, das 1905 zum ersten Mal gedruckt wurde.
Becher (1971:1028)

[23] Beispiel: Abteilung Innere Medizin an den Kliniken in Essen und Dresden (Diagnose: Diabetes Mellitus, Behandlung: Einstellung des Insulins)

> "Die dort praktizierenden Mediziner gelten als die kompetentesten und erwerben ein hohes Sozialprestige. Aufstieg, Erfolg und Macht moderner Medizin sind so aufs engste mit dieser Institution verbunden."[24]

Damit lässt sich vielleicht auch das Verhalten einer Vielzahl von Patienten erklären, die nach wie vor in dem Arzt den "Halbgott in weiß" sehen.

Sowohl eine Untersuchung des Krankenhauses als Institution, als auch die damit verbundenen besonderen Aspekte der Kommunikation sollen nachfolgend näher erläutert werden, denn Krankenhäuser dienen seit langem als Ausbildungsstätte für Ärzte, Krankenschwestern, Pfleger und Angehörige anderer Heilberufe. D.h., wer dort unangemessenes bzw. falsches Verhalten, ganz besonders Kommunikationsverhalten, gegenüber Patienten, Kollegen und Mitarbeitern lernt, weil er es falsch vorgelebt bekommt, wird dieses gelernte Verhalten womöglich seinerseits an eine nachfolgende Arzt- bzw. Schwesterngeneration weitergeben.

Um herauszufinden, was sich bzgl. der Kommunikation zwischen Arzt und Patient im Krankenhaus verbessern lässt, und was auf Grund der besonderen Gegebenheiten durch die Institution unabänderlich ist, ist es m. E. wichtig, sowohl auf die Entwicklungsgeschichte der totalen Institution Krankenhaus[25] als auch auf die besondere Kommunikationssituation innerhalb dieser Institution[26] als auch der Stationsvisite[27] einzugehen.

1.1 Die Geschichte des Krankenhauses

Anhand eines kurzen geschichtlichen Abrisses wird erkennbar werden, dass sich bestimmte Strukturen aus früheren Zeiten bis heute im Krankenhaus erhalten haben. Obwohl sich die Untersuchung grundsätzlich auf das Krankenhauswesen in Deutschland konzentrieren soll, ist es nicht möglich, dieses gesondert zu betrachten, sondern muss immer im Zusammenhang mit der weltweiten Entwicklungsgeschichte des Krankenhauses gesehen werden.

Die Entstehung des Krankenhauses muss wohl folgender Tatsache zugeschrieben werden:

---

[24] Karenberg (1996:270)
[25] s. Abschnitt 1.4
[26] s. Abschnitt 2.1
[27] s. Abschnitt 3.1

"Der Friedenszustand unter Menschen, die neben einander leben, ist kein Naturstand (status naturalis), der vielmehr ein Zustand des Krieges ist, d.i. wenn gleich nicht immer ein Ausbruch der Feindseligkeiten, doch immerwährende Bedrohung mit denselben."[28]

Die ersten Krankenhäuser dienten nämlich dem Zweck, verwundete bzw. erkrankte Soldaten zu heilen, um sie so schnell wie möglich wieder in den Militärdienst aufnehmen zu können.

"[...] Marcus Rubrius Zosimus war ein Arzt in dem ersten Sanitätsdienst der Weltgeschichte. Diese Organisation hatte Kaiser Augustus (63. v.Chr. – 14. n.Chr.) für seine Soldaten geradezu aus dem Nichts heraus geschaffen, indem er erstmals Krankenhäuser einrichten und Ärzte dafür anwerben ließ. Damit hatte das römische Militär eine großartige zivilisatorische Leistung vollbracht."[29]

Notwendig wurde diese Maßnahme, weil die Truppen außerhalb der Städte stationiert waren und somit ohne ärztliche Versorgung hätten auskommen müssen. Es wurden deshalb Ärzte in die Truppe integriert, da sie jedoch nicht in den viel zu engen Mannschaftsunterkünften praktizieren konnten, wurden extra Gebäude errichtet, um darin Kranke und Verwundete zu behandeln. So entstand während der Kaiserzeit beinahe in jedem Truppenlager ein Krankenhaus (valetudinarium).

"Am wichtigsten bleibt allerdings, daß im Sanitätsdienst des Imperium Romanum mit dem Valetudinarium die *Idee des Krankenhauses* als einer ständig von Ärzten betreuten Institution in einem eigens dafür konzipierten und errichteten Gebäude geboren wurde, das ausschließlich für eine heilungsorientierte stationäre Therapie für viele Kranke eingerichtet worden war. [...] Die römischen Militärkrankenhäuser dienten außerdem der Ausbildung von jungen Militärärzten und Pflegern. Diese Valetudinarien, die vielerorts und bis in das 4. Jahrhundert hinein erfolgreich wirkten, haben somit als die ersten bekannten Krankenhäuser im neuzeitlichen Sinne, die uns im Abendland erst ab dem 18. Jahrhundert kontinuierlich wieder beegnen, zu gelten. Denn die christlichen Spitäler verfolgten bekanntlich andere Intentionen, und der Schritt zur Öffnung des Krankenhauses auch für die allgemeine Bevölkerung bedeutete gegenüber dessen Erfindung keine entscheidende Neuerung, wie noch vielfach unterstellt wird."[30]

Auch wenn sich die Valetudinarien des Imperium Romanum nicht ohne Weiteres mit unseren heutigen Krankenhäusern vergleichen lassen, so lässt sich nicht leugnen, dass gewisse Merkmale übereinstimmen. Es handelte sich damals wie heute um spezielle Gebäude, in denen Ärzte ständig vor Ort waren bzw. sind, um Kranke und Verletzte zu behandeln. Selbst die Ausbildung angehender Ärzte und Pfleger fand bereits in den Valetudinarien statt. Der generelle Unterschied besteht also hauptsächlich darin, dass es sich um eine andere Gruppe von Patienten und andere Arten von Krankheiten handelt.

---

[28] Kant (1964:203)
[29] Wilmanns (1996:82)
[30] Wilmanns (1996:87)

Als weiteren Vorläufer unserer heutigen Krankenhäuser kann man vielleicht auch den "Pantokrator" in Byzanz (um 1136) und islamische Hospitäler in Bagdad (981), Damaskus (1160) und Kairo (1283) betrachten. Sie verfügten über

> "Ärzte, die regelmäßig die dortigen Patienten behandelten. Dabei wurden genaue Aufzeichnungen über den Krankheitsverlauf und über die Wirksamkeit der Arzneimittel gemacht. Manchmal sind sogar Schüler nachweisbar, die unter der Anleitung erfahrener Ärzte am Krankenbett zu handeln lernten. Impulsen aus diesen urbanen Zentren des Orients hat man wahrscheinlich die ersten klinischen Unterrichtsstätten in Europa zu verdanken, die in *Padova* im "Ospedale die San Francesco" und später in *Leiden* und *Utrecht* Studenten aus ganz Europa anzogen. Die "Erste Wiener Schule" stellte einen Höhepunkt dieser Entwicklung dar."[31]

In Deutschland wird das Hospitalwesen durch die Arbeiterversicherungsgesetzgebung stark beeinflusst.[32] Diese wird notwendig, da die Industrie in den Städten vorangetrieben wird und der Übergang vom Handwerksbetrieb zum Fabrikbetrieb erfolgt, was bedeutet, dass die Arbeiter

> "nicht mehr zum Hauswesen des Arbeitgebers gehören. Es wurde dringlich diese wirtschaftlichen Kleinexistenzen vor den Folgen von Krankheit, Unfall, Invalidität zu schützen. Am weitesten ist hierin das Deutsche Reich vorgegangen. Durch das Unfallversicherungsgesetz, das Krankenkassengesetz und das Invaliditäts- und Altersversicherungsgesetz wurden kapitalkräftige Bildungen geschaffen, welche für die breiten Schichten der Arbeiterschaft die Fürsorge für Hospitalpflege, wenn diese erforderlich ist, übernahmen."[33]

Obwohl sich der Ausbau des Hospitalwesens wohl in erster Linie auf die sich verändernden wirtschaftlichen Verhältnisse und die damit verbundene veränderte Lebenshaltung der Menschen zurückführen lässt, spielt vor allem bei kirchlichen Trägern von Krankenhäusern die Nächstenliebe eine Rolle. Weitere Träger sind der Staat, die Gemeinde, religiöse und weltliche Genossenschaften, sowie "Einzelne, die aus individuellen Motiven grössere Darbietungen für das Hospitalwesen machen."[34]
Im Laufe der Zeit übernehmen viele bürgerliche Gemeinden die Aufgaben der kirchlichen Gemeinden, wozu auch die weitere Verbreitung des Hospitalwesens zählt. Bereits vorhandene Hospitäler werden von den modernen Gemeinden übernommen, wie z.B. das Hôtel-Dieu in Paris, das bereits seit dem 7. Jahrhundert existiert[35], andere sind zwar weit verbreitet, können aber nur bedingt genutzt werden. Es handelt sich hier um die St. Georgs-Hospitäler und die Hospitäler zum heiligen Geist.

> "Krankenhäuser lassen sich in der Zeit um 1800 zum ersten Mal häufiger nachweisen. Unter dem Einfluß des aufgeklärten Absolutismus verwandelte sich in Frankreich das alte Hospital der Armen und Hilfsbedürftigen in eine Stätte, die heilbaren Kranken vorbehalten war. Aus dem

---

[31] Jetter (1977:2)
[32] vgl. Becher (1971:1024)
[33] Becher (1971:1024)
[34] Becher (1971:1025)
[35] vgl. Becher (1971:1026)

"Hôtel-Dieu", aus der Herberge zum lieben Gott, entstand eine gänzlich neuartige Institution, deren Aufgabe es war, sich auf die "Beseitigung fehlerhafter Körperzustände" zu spezialisieren. Ihr gehörte die Zukunft in allen Ländern der Erde."[36]

Die St. Georgs-Hospitäler sind im 13. Jahrhundert Lazarette für Aussätzige und liegen außerhalb der Stadtmauern, um die Kranken streng zu isolieren. Die Hospitäler zum heiligen Geist hingegen befinden sich in der Stadt und sind Kirchen und Klöstern angeschlossen. Den Erfolg des Ordens zum heiligen Geist nehmen die Johanniter und der deutsche Orden zum Anlass selbst Hospitäler zu gründen. Später folgen auch bürgerliche Organisationen ihrem Beispiel. Zuerst der Ausbruch der Syphilis und später der Ausbruch der Pest machen einen weiteren Ausbau des Krankenhauswesens nötig. Wieder werden Krankenanstalten außerhalb der Stadtmauern errichtet, um die Kranken so weit wie möglich von den Gesunden entfernt unterzubringen.

"Hier und da wurden vorsorglich vor dem Einbruche der Pest, in der Zeit der Pestgefahr Pesthäuser errichtet. Z.B. geschah dies in Berlin. Das Berliner Pesthaus bildet den Grundstock des heutigen Charité-Krankenhauses."[37]

Im 18. Jahrhundert tritt der Staat als Erbauer von Krankenhäusern stärker in Erscheinung, so gründet Friedrich I. 1710 die so eben erwähnte Charité. Im letzten Drittel des 18. Jahrhunderts entstehen die ersten Kliniken, da vielen Medizinern die Ausbildung der Studenten ohne Unterricht am Krankenbett nicht mehr ausreichend erscheint. Zuerst werden in bereits bestehenden Krankenhäusern klinische Abteilungen eingerichtet, andere Krankenhäuser werden insgesamt in Kliniken umgewandelt und zusätzlich werden noch neue Kliniken gebaut. Den Krankenhausbau übernehmen die Städte, wozu sie durch die Städteordnung verpflichtet sind. In dieser Zeit werden vermehrt Hospitäler errichtet, anschließend vergrößert und zum Schluss wesentlich verbessert.

Wie in anderen Orten im deutschsprachigen Raum, so rechnet sich Kaiser Joseph II in Wien zum Ende des 18. Jahrhunderts aus, dass der Staat durch die Errichtung von Krankenhäusern eher profitiert als finanziellen Schaden erleidet. Wenn Kranke in Krankenhäusern geheilt werden, können sie dem Staat nach ihrer Genesung durch ihre Arbeitskraft zur Vermehrung dessen Reichtums dienen. Um seine Pläne durchführen zu können, setzt Kaiser Joseph II drei administrative Prinzipien durch: 1. Rationalisierung, 2. Säkularisierung und 3. Zentralisierung[38]. Die Realisierung dieser

---

[36] Jetter (1977:1)
[37] Becher (1971:1027)
[38] Rationalisierung: die Verwaltung sollte vereinfacht werden.
Säkularisierung: "Verstaatlichung frommer Stiftungen und Aufhebung halbklösterlicher Versorgungs- und Pfründneranstalten" Karenberg (1996:272)

drei Prinzipien macht "das Allgemeine Krankenhaus in Wien zu einem Wendepunkt in der Hospitalgeschichte und zu einem echten Meilenstein in der Historie der Heilkunde".[39] Aus wirtschaftlichen Gründen wird kein neues Krankenhaus gebaut, sondern das vorhandene Armenhaus zu einem großen Krankenhaus mit mehr als 100 Sälen bzw. Zimmern umgebaut. Im Gegensatz zu den Pariser Krankenhäusern, in denen sich manchmal drei bis vier Patienten ein Bett teilen müssen[40] stehen in Wien 2000 Betten für eben diese Anzahl an Patienten zur Verfügung. Am 16. August 1784 treffen die ersten Patienten im Allgemeinen Krankenhaus in Wien ein.

Eine Besonderheit dieses Krankenhauses ist, dass es das erste im deutschsprachigen Raum ist, das zusätzlich noch als Lehr- und Forschungsanstalt dient.

> "Es ist bezeichnend für die weltweite Strahlkraft, die von der *Wiener Schule* ausgeht, daß das Allgemeine Krankenhaus im 19. Jahrhundert als >>größte Medizinschule Amerikas<< gilt. Die für deutsche Universitätskliniken typische Aufgabentrias von *Patientenbehandlung, Lehre* und *Forschung* hat hier ihren Ausgangspunkt."[41]

So ist es nicht verwunderlich, dass viele Kliniken in den folgenden Jahren nach dem Vorbild des Allgemeinen Krankenhauses in Wien entstehen.

> "Sie [Universitätskliniken in Deutschland] gelten allgemein als Zentren moderner Krankenversorgung, hochspezialisierter medizinischer Forschung und einer Ausbildung des akademischen Nachwuchses auf hohem Niveau."[42]

Im folgenden Abschnitt soll es um die Geschichte des medizinischen Unterrichts gehen, da dieser – wie gerade erwähnt – einen wesentlichen Bestandteil des Klinikwesens ausmacht. Auch hier wird ersichtlich, dass sich gewisse Vorgehensweisen über viele Jahrzehnte kaum verändert haben.

1.2 Die Geschichte des medizinischen Unterrichts

Wie bereits zuvor erwähnt, ist das Krankenhaus mehr als eine Behandlungsstätte für Kranke. Es ist außerdem eine Ausbildungsstätte für Ärzte, wodurch es m. E. sinnvoll erscheint, zusätzlich auf die Geschichte des medizinischen Unterrichts einzugehen. Medizinstudenten werden quasi am Bett des Patienten unterrichtet. Damit erwerben sie nicht nur praktische Erfahrungen im medizinischen Bereich, sondern sie erwerben zusätzlich Kenntnisse im Umgang mit Patienten, was sich später dann auch auf die

---

Zentralisierung: "Zusammenfassung der vorher weit verstreut liegenden Kranken einer Region unter einer einzigen Verwaltung im ersten großen neuzeitlichen Krankenhaus" Karenberg (1996:272)
[39] Karenberg (1996:272)
[40] vgl. Karenberg (1996:273)
[41] Karenberg (1996:274)
[42] Karenberg (1997:15)

Arzt-Patient-Kommunikation auswirken dürfte. Neben ihrer theoretischen Ausbildung an der Universität erhalten Medizinstudenten also auch eine praktische Ausbildung in der Klinik. Das war nicht immer selbstverständlich. In Deutschland war der medizinische Unterricht bis zum Anfang des 18. Jahrhunderts nahezu ausschließlich theoretisch ausgelegt.

Vielfach ist zu lesen, dass 1754 mit der Gründung der Klinik in Wien der systematische klinische Unterricht im deutschen Sprachraum begann. Tatsächlich fand das sogenannte ‚bedside-teaching' aber bereits deutlich früher statt. In Halle wurde es – wenn auch noch unregelmäßig – ab 1706 praktiziert. Systematisch fand dort klinischer Unterricht ab 1717, in Straßburg ab 1728 und in Göttingen ab 1751 statt. Dabei ist anzumerken, dass nicht nur Mediziner vom bedside-teaching profitierten. „Das Krankenbett in Halle war immer zugleich Unterrichtsstätte für Medizinstudenten wie Lernstätte für angehende Theologen."[43]

Nachdem der medizinische Unterricht lange Zeit eine rein theoretische Ausrichtung hatte, gingen die Universitäten nun dazu über, neben dem Lehrvortrag auch Demonstrationen, Experimente und Übungen für die Studierenden anzubieten, die mit deren eigener Arbeit in Verbindung standen. Diese neue Lehrmethode hatte natürlich zur Folge, dass der Lehrapparat dementsprechend anwachsen musste.

> "Anfangs konnten die Anatomie und eine Klinik genügen. Dann aber kamen die Laboratorien hinzu und die Teilung der Gesamtmedizin, das mit der fortschreitenden medizinischen Technik Aufblühen und Entstehen von Sonderflächen, erheischte eine beständige Vermehrung der medizinischen Universitätsanstalten."[44]

Diese Maßnahmen wirkten sich auch auf den Lehrkörper aus, der bis zu dieser Zeit aus zwei Professoren bestand, von denen einer die medizinische Theorie und der andere die medizinische Praxis vortrug.[45] In gewissen Zeitabständen wechselten sie sich mit ihren Aufgaben ab, denn sowohl der "Arzt und zumal der Lehrer der Medizin konnte es sich zumuten, sich das ganze medizinische Wissen seiner Zeit zu eigen zu machen"[46], da eine Einteilung im wesentlichen in Wundärzte (Chirurgen, Geburtshelfer) und Mediziner mit ausschließlich theoretischen Kenntnissen erfolgte.

Im Zeitraum von 1700 bis zum Anfang des 19. Jahrhunderts wurde das Medizinstudium erstmals dahingehend reformiert, dass anatomische Präparierübungen einge-

---

[43] Karenberg (1997:33)
[44] Becher (1971:1044)
[45] vgl. Becher (1971:1042)
[46] Becher (1971:1043)

führt wurden. Der zweite Schritt zielte darauf ab nicht nur Kenntnisse der Leiche zu erlangen sondern sich um den kranken Menschen zu kümmern.

> "Die klinische Unterweisung der Studierenden in der inneren Medizin, wie sie jetzt allgemein Brauch ist, hat ihre Anfänge in den Einrichtungen bei der Universität Leyden. Dort eröffneten um 1630 Otto van Heurne und Schrevelius im Krankenhaus eine Klinik. Van Heurne gestaltete den Unterricht so: er rief einen Studierenden auf, liess ihn den Kranken befragen und untersuchen und dann seine Anschauungen über den Befund und die Diagnose wie über die Prognose darlegen; dann befragte und untersuchte der Professor den Kranken, besprach kritisch die Auslassungen des Praktikanten und begründete die eigene Diagnose."[47] [48]

Die letzte Etappe der Reformierung wurde bestimmt durch das Entstehen von Laboratorien, in denen fortan sowohl Dozenten als auch Studenten ihrer wissenschaftlichen Arbeit nachgehen konnten.

> "Hatten alle Bemühungen um akademische Krankenhäuser vor 1800 noch etwas Tastendes und Vorsichtiges an sich – mit Beginn des 19. Jahrhunderts war klargeworden, daß neu zu gründende wie traditionsreiche Hochschulen ohne das Angebot des >bedside-teaching< nicht mehr konkurrenzfähig sein konnten. Kliniken waren zum festen Bestandteil des Bauprogramms der Medizinischen Fakultäten geworden."[49]

Anfangs ließen sich in den neu gegründeten Hochschulkliniken hauptsächlich völlig mittellose Patienten behandeln, doch

> "Durch die stationäre Betreuung sozial höhergestellter Patienten tritt langsam ein Wandel ein; die neue Institution[50] streift den > Arme-Leute-Geruch < ab und bildet sich zu einer von der breiten Bevölkerung akzeptierten und geschätzten Einrichtung heran. Neben den Unterrichtsverpflichtungen übernimmt die Hochschulklinik auch erstmals in deutlicherer Form die Aufgabe eines Versorgungskrankenhauses für ein begrenztes, städtisches Gebiet."[51]

1.3 Die Geschichte der Visite

Aus kommunikationswissenschaftlicher Sicht ist die Visite von großem Interesse, da sie eine besondere Form des Zusammentreffens zwischen Arzt und Patient darstellt. Um zu sehen wie sich die Visite im Laufe der Zeit entwickelt hat, soll an dieser Stelle ein kurzer Abriss ihrer Geschichte erfolgen.

> "Aus der geschichtlichen Übersicht wird deutlich, daß die Visite des Arztes am Krankenbett schon immer mehreren, teilweise konkurrierenden und häufig unterschiedlich gewichteten Funktionen diente: die Visite war stets "Krankenbesuch" und somit eine Form ärztlicher Betreuung und Anteilnahme; daneben stellte sie aber auch eine Möglichkeit der Kontrolle und einen Teil der Aus- und Weiterbildung dar und zwar als Supervision von Stationsärzten durch

---

[47] Becher (1971:1063)
[48] s. Abschnitt 3.3.2: Interview mit Prof. Dr. M.
[49] Karenberg (1997:181)
[50] In der Zeit um 1818 wird Bonn als Hochschulort neu gegründet und diese Angaben beziehen sich speziell auf die Klinik in Bonn. Sie gelten aber ebenso für alle Kliniken, die nach und nach in Deutschland entstehen.
[51] Karenberg (1997:216)

vorgesetzte Ärzte sowie als klinische Lehrveranstaltung für Medizinstudenten. Mit dem Aufkommen von Großkrankenhäusern nahm die Aufgabe der Visite im Rahmen der Organisation des Klinikalltags an Bedeutung zu."[52]

Im Pantokrator fand bereits täglich morgens eine Visite statt. Sie diente sowohl dazu, sich über das Befinden des Patienten zu informieren als auch eventuelle Missstände, dessen Versorgung betreffend, aufzudecken und so schnell wie möglich zu beseitigen. Der diensthabende Arzt wachte sowohl über die richtige Ernährung als auch darüber, dass der Patient die verordneten Medikamente bekam und auch alle weiteren angeordneten Maßnahmen zu dessen Behandlung eingehalten wurden. Daneben diente die Visite der Kontrolle der Assistenten durch übergeordnete Oberärzte.[53]

Vom Krankenhaus in Damaskus ist bekannt, dass der Chefarzt persönlich jeden Morgen in Begleitung seiner Assistenzärzte die Visite leitete. Er hielt die notwendigen Anordnungen bzgl. Medikation und Diät schriftlich fest und diese wurden dementsprechend ausgeführt.

Neben der Betreuung der Patienten stellte die Visite an den frühen islamischen Krankenhäusern einen wesentlichen Bestandteil des klinischen Unterrichts dar.

Auf den ersten Blick sind keine großen Unterschiede zwischen der Visite in den islamischen Kliniken und den ersten deutschen Kliniken zu erkennen.

"Der Internist Nicolaus Thomann (1764 - 1805) hat in seinen Berichten über die praktische Ausbildung in Würzburg Nachricht gegeben. Täglich um 9 Uhr fand die Visite >>unter Aufsicht des dirigierenden Arztes<< statt. Die Studenten, eingeteilt >Zuhörende<, >Praktizierende< und erfahrene >Sekretäre<, hatten die üblichen Aufgaben zu erledigen; neu aufgenommene Patienten zu untersuchen, Diagnosen und Prognosen anzugeben, Heilmittel vorzuschlagen, Krankengeschichten abzufassen und gelegentlich eine Sektion auszuführen. An jedem Krankenbett hing eine Tafel mit dem Namen des Kranken und dem des verantwortlichen Studenten."[54]

Bei genauerer Betrachtung lässt sich aber erkennen, dass nach dem Vorbild der Wiener Schule die Visite an deutschen Kliniken von Anfang an eine andere Gewichtung zu haben scheint. Nicht die Betreuung des Patienten steht im Vordergrund, sondern

"Die Ausbildung der Mediziner sollte praxisnah am Krankenbett erfolgen. Hauptsächlich sollten dabei wissenschaftliche Kenntnisse und diagnostische Fertigkeiten vermittelt werden; die Beziehung zum Patienten wurde nicht reflektiert und war kein Gegenstand diagnostischer und therapeutischer Überlegungen und ebensowenig der Ausbildung."[55]

So gesehen scheint es eher hinderlich, dass der Patient während der Visite anwesend zu sein hat. Hier zeigen sich erste Hinweise, dass Arzt und Patient ganz unterschied-

---

[52] Maaß (1982:313)
[53] s. Abschnitt 3.3.2: Interview mit Prof. Dr. M. Man könnte daraus schließen, dass sich seit dem 12. Jh. an der Funktion der Visite nichts geändert hat!
[54] Karenberg (1997:75-77)
[55] Maaß (1982:325)

liche Erwartungen an die Visite haben. Während der Arzt den Patienten als wissenschaftliches Objekt ansieht, möchte der Patient als Mensch, der soziale Bedürfnisse hat, betrachtet werden.

1.4 Die totale Institution

Aus kommunikationswissenschaftlicher Sicht stellt die Arzt-Patient-Kommunikation im Krankenhaus eine besondere Form der Interaktion dar, da es sich m. E. um Zwangskommunikation in einer totalen Institution handelt. Bevor eine Untersuchung dieser Form der Kommunikation erfolgen kann, ist es notwendig zu klären, was unter dem Begriff 'totale Institution' zu verstehen ist.

1.4.1 Definition totaler Institutionen

Davon ausgehend, dass *Institution* hier als Synonym für *soziale Einrichtung* bzw. *Anstalt* verwendet wird, sind mit der Bezeichnung 'totale Institution' Einrichtungen gemeint, die ihre Mitglieder allumfassend beanspruchen. Goffman[56] weist darauf hin, dass alle Institutionen die Tendenz haben, allumfassend zu sein, doch was er genau unter einer totalen Institution versteht, erklärt er wie folgt:

> "Eine totale Institution läßt sich als Wohn- und Arbeitsstätte einer Vielzahl ähnlich gestellter Individuen definieren, die für längere Zeit von der übrigen Gesellschaft abgeschnitten sind und miteinander ein abgeschlossenes, formal reglementiertes Leben führen."[57]

Nun gibt es eine Vielzahl an Institutionen, auf die diese Definition ohne Einschränkung zutrifft. Dazu gehören Konzentrationslager und Gefängnisse ebenso wie psychiatrische Anstalten, aber auch Klöster, Kasernen, Internate und Handelsschiffe, um nur einige Beispiele zu nennen.

> "Betrachten wir die verschiedenen Institute innerhalb der westlichen Zivilisation, so finden wir, daß einige ungleich allumfassender sind als andere. Ihr allumfassender oder totaler Charakter wird symbolisiert durch Beschränkungen des sozialen Verkehrs mit der Außenwelt sowie der Freizügigkeit, die häufig direkt in die dingliche Anlage eingebaut sind, wie verschlossene Tore, hohe Mauern, Stacheldraht, Felsen, Wasser, Wälder oder Moore."[58]

Niemand wird bestreiten, dass die *Beschränkungen des sozialen Verkehrs mit der Außenwelt* auf alle o. g. Einrichtungen zutrifft, und dass Mitglieder all dieser Institutionen durch mindestens eine der o. e. baulichen Maßnahmen in ihrer *Freizügigkeit* eingeschränkt werden. Es gibt aber auch Institutionen, deren totaler Charakter nicht

---
[56] vgl. Goffman (1973:15)
[57] Goffman (1973:11)
[58] Goffman (1973:15-16)

unmittelbar erkennbar ist, weil gewisse Merkmale überhaupt nicht bzw. nur in abgeschwächter Form auf sie zutreffen. Im Gegensatz zu früheren Zeiten[59] befinden sich Krankenhäuser heutzutage meistens im Stadtzentrum und auch wenn einige von ihnen von hohen Mauern umgeben sind, so liegt das darin begründet, dass es sich um Krankenhäuser handelt, die vor relativ langer Zeit erbaut wurden. Selbst verschlossene Tore findet man kaum noch, doch dafür lassen sich eine ganze Reihe anderer Einschränkungen finden, die keinen Zweifel daran aufkommen lassen, dass es sich bei Krankenhäusern um totale Institutionen handelt.

Im folgenden Abschnitt werde ich auf diese zentralen Merkmale etwas genauer eingehen, um so die besonderen Elemente des Krankenhauses herausstellen zu können.

1.4.2 Merkmale totaler Institutionen

Wie bereits in der Einleitung erwähnt, lässt sich für die totale Institution kein allgemeines Profil erstellen. Es gibt einige Merkmale, die auf die meisten totalen Institutionen zutreffen, aber nicht auf alle. Andererseits gibt es Merkmale, die nur für eine Institution gelten und trotzdem kann diese als totale Institution definiert werden.

"In der modernen Gesellschaft besteht eine grundlegende soziale Ordnung, nach der der einzelne an verschiedenen Orten schläft, spielt, arbeitet – und dies mit wechselnden Partnern, unter verschiedenen Autoritäten und ohne einen umfassenden rationalen Plan. Das zentrale Merkmal totaler Institutionen besteht darin, daß die Schranken, die normalerweise diese drei Lebensbereiche voneinander trennen, aufgehoben sind."[60]

Betrachtet man nun die einzelnen Punkte, die Goffman herausstellt, genauer, so lässt sich ein direkter Bezug zum Krankenhaus herstellen.

"1. Alle Angelegenheiten des Lebens finden an ein und derselben Stelle, unter ein und derselben Autorität statt. 2. Die Mitglieder der Institution führen alle Phasen ihrer täglichen Arbeit in unmittelbarer Gesellschaft einer großen Gruppe von Schicksalsgenossen aus, wobei allen die gleiche Behandlung zuteil wird und alle die gleiche Tätigkeit gemeinsam verrichten müssen. 3. Alle Phasen des Arbeitstages sind exakt geplant, eine geht zu einem vorher bestimmten Zeitpunkt in die nächste über, und die ganze Folge der Tätigkeiten wird von oben durch ein System expliziter formaler Regeln und durch einen Stab von Funktionären vorgeschrieben. 4. Die verschiedenen erzwungenen Tätigkeiten werden in einem einzigen rationalen Plan vereinigt, der angeblich dazu dient, die offiziellen Ziele der Institution zu erreichen."[61]

Obwohl im Krankenhaus im Laufe der Jahre viele bestehende Regeln gelockert bzw. ganz aufgehoben wurden[62], haben sich einige grundsätzliche Angelegenheiten nicht

---

[59] s. Abschnitt 1.1
[60] Goffman (1973:17)
[61] Goffman (1973:17)
[62] Bis vor einigen Jahren bestanden z.B. noch sehr strenge Besuchszeiten, die inzwischen in nahezu allen Krankenhäusern in Deutschland abgeschafft wurden. Es finden sich nur noch entsprechende Hinweise, bestimmte Ruhezeiten der Patienten zu wahren.

geändert. Der Patient hält sich aus verschiedenen Gründen den größten Teil des Tages in *seinem* Krankenzimmer auf und steht damit unter Beobachtung der Ärzte und des Pflegepersonals, die jederzeit sein Zimmer betreten können.

"In einer totalen Institution jedoch werden die Aktivitäten eines Menschen bis ins kleinste vom Personal reguliert und beurteilt; das Leben des Insassen wird dauernd durch sanktionierende Interaktion von oben unterbrochen, besonders während der Anfangsphase seines Aufenthaltes, noch bevor der Insasse die Vorschriften gedankenlos akzeptiert."[63]

Dem Patienten wird somit ständig das Anrecht auf Privatsphäre verwehrt, denn egal ob er schläft, sein Frühstück-, Mittag-, oder Abendessen zu sich nimmt, sich wäscht, anzieht oder gerade Besuch empfängt, er muss jeder Zeit damit rechnen, bei diesen Aktivitäten gestört zu werden.[64]

Generell hat der Patient zwar die Möglichkeit, sein Zimmer zu verlassen und sich auf dem gesamten Klinikgelände aufzuhalten, doch bei der praktischen Umsetzung scheitert es nicht nur an der jeweiligen Krankheit, sondern manchmal bereits an der Möglichkeit, sich entsprechend zu kleiden. Sobald die stationäre Aufnahme des Patienten erfolgt ist, hat er sich so zu verhalten bzw. zu kleiden, dass jederzeit ohne großen Aufwand Untersuchungen durchgeführt werden können. Im schlimmsten Fall bedeutet das sogar, dass der Patient nicht einmal seine eigene Kleidung tragen darf, sondern wie im Falle einer bevorstehenden Operation ein OP-Hemd und einen Slip von der Schwester ausgehändigt bekommt. Diese 'Anstaltssachen' sind "[...] normalerweise wahllos zugeteilt, schlecht sitzend, häufig abgetragen und einheitlich für große Gruppen von Insassen."[65] Abgesehen von diesem speziellen Fall bedeutet das grundsätzlich, dass der Patient die Wahl hat zwischen Nachtwäsche und Morgenmantel oder Jogging- bzw. Trainingsanzug (was mittlerweile auch akzeptiert wird). Nun kann der Patient in dieser Kleidung zwar die eventuell vorhandene Cafeteria, Bücherei oder sonstige Klinikeinrichtung aufsuchen, wird aber anhand seiner 'Uniform' immer als Insasse dieser Anstalt erkannt und bewertet.[66] [67] Es ändert sich da-

---

[63] Goffman (1973:45)
[64] s. Abschnitt 3.3.1 (Prof. Dr. M. deckt am 12.11.98 das Mittagessen einer Patientin ab)
[65] Goffman (1973:30)
[66] Jemandem, der aus beruflichen oder sonstigen Gründen normaler Weise einen Anzug trägt, wird es vermutlich wesentlich schwerer fallen, im Jogginganzug die Cafeteria aufzusuchen, als einem Profisportler, der einen Trainingsanzug quasi als Berufskleidung trägt.
[67] Bezogen auf das Kommunikationsverhalten ergibt sich daraus, dass sich Mitglieder einer Gruppe aufgrund ihrer Kleidung erkennen und sich Gesprächsthemen durch ihren Status ergeben. Während ein Besucher von einem anderen Besucher z.B. erfahren möchte, wen er/sie denn im Krankenhaus besuchen möchte, wird ein Patient einen anderen Patienten wohl eher danach fragen, weswegen er/sie im Krankenhaus sei. Das Tragen einer solchen 'Uniform' kann dabei durchaus zu Missverständnissen führen, wie ein Beispiel aus eigener Erfahrung zeigen soll: Während ich als Beobachterin im Klinikum Dresden an der Visite teilnahm, trug ich ausschließlich weiße Kleidung. Am zweiten Tag meiner Beobachtungen führte das dazu,

durch, dass er sein Zimmer verlässt also weder etwas daran, dass er alle Angelegenheiten – wenn nicht in seinem Zimmer – dann doch zumindest innerhalb der Klinik erledigen muss, und dass er dabei den Anweisungen des Klinikpersonals Folge zu leisten hat.

"Dazu gehört, daß alle Phasen des Tagesablaufes, insbesondere auch die Erfüllung der Grundbedürfnisse exakt geplant sind, so z.b. Wecken und Schlafen gehen, Waschen und Essen und oft sogar die Ausscheidungen. Dabei sind die Regeln entweder im voraus festgelegt (Hausordnung) oder sie werden durch das Personal vorgeschrieben, während die Betroffenen kaum Einfluß darauf haben."[68]

Abgesehen von der Kleidung, wird der Patient im Krankenhaus also seiner persönlichen Freiheit weitestgehend auch dadurch beraubt, dass er z.b. nicht selbst entscheiden kann, wann er schlafen oder essen möchte. Alle Patienten werden morgens nahezu zur gleichen Zeit geweckt, danach hat die Morgentoilette zu erfolgen. Anschließend wird das Frühstück gereicht, bevor dann üblicher Weise die Stationsvisite beginnt. Dazu sollte der Patient sich in seinem Zimmer aufhalten, ausgenommen, er hat gerade zu dieser Zeit einen Untersuchungstermin an anderer Stelle. Je nach Dauer der Visite bleibt dem Patienten manchmal kaum noch freie Zeit bis zum Mittagessen, denn nachdem das Essen aus der Küche zur Station geliefert worden ist, wird es dort an die einzelnen Patienten verteilt. Einem Patienten, der zu Hause normaler Weise um 14.00 Uhr sein Mittagessen zu sich nimmt, kann es durchaus Schwierigkeiten bereiten, wenn er im Krankenhaus eventuell schon um 11.30 Uhr essen muss, wie alle anderen Patienten auf der Station auch. Nach dem Mittagessen ist meistens eine kurze Ruhephase für die Patienten vorgesehen, in der auch Besucher auf der Station nicht allzu gern gesehen sind. Anschließend sind noch der Nachmittagskaffee und das Abendessen *eingeplant*, ansonsten bleibt es dem Patienten weitestgehend selbst überlassen, wie er seine *Freizeit* gestaltet. Weitestgehend deshalb, weil auch nachmittags noch Untersuchungen angesetzt werden können. In den meisten Fällen beschränken sich diese jedoch auf kleinere Kontrolluntersuchungen wie Fieber- oder Blutdruckmessen usw.. Den Abschluss dieses exakt geplanten Tagesablaufs bildet die Nachtschwester, die versucht, sich mit einem Kontrollgang über die Station einen Überblick über den aktuellen Zustand *ihrer* Patienten zu verschaffen. In der Nacht kann es

---

dass der Oberarzt und der Chefarzt, die mich an diesem Tag zum ersten Mal sahen und zudem im Ärztezimmer antrafen, scheinbar automatisch der Gruppe der Mediziner zuordneten. Nachdem wir uns namentlich vorgestellt hatten, versuchten sie, sich mit meiner Hilfe ein Bild von den aktuellen Vorgängen auf der Station zu machen. Als ich sie darüber informierte, welcher Funktion meine Anwesenheit diente, änderten sie mir gegenüber sofort ihr Kommunikationsverhalten, indem sie von medizinischer Fachsprache zu 'Allgemeinsprache' wechselten und mich damit sogleich aus der Gruppe der Mediziner ausschlossen.
[68] Pfeiffer (1986:17)

dann noch zu Störungen kommen, wenn ein Patient regelmäßig überwacht werden muss, weil er z.b. am Tag zuvor operiert worden ist.

Der zuvor beschriebene Ablauf wiederholt sich nahezu täglich, wenn man von den Wochenenden absieht, an denen bestimmte Untersuchungen nur im Notfall durchgeführt werden. Kleinere Abweichungen von diesem Plan wird es in jedem Krankenhaus geben, aber grundsätzlich scheint das Muster bei allen gleich zu sein. Wie anhand dieser Beschreibung deutlich zu erkennen ist, hat sich der Patient also nicht nur einem ihm fremden Tagesrhythmus zu unterwerfen, sondern er hat auch keine Möglichkeit sich in *seinen privaten Raum* zurückzuziehen. Hier ist das zentrale Faktum totaler Institutionen – die bürokratische Organisation ganzer Gruppen von Menschen ohne Rücksicht auf das Individuum - deutlich zu erkennen.[69]

> "Der Patient ist ständig gezwungen, mit Menschen eng zusammenzuleben, die oft gar nicht der eigenen Wahl entsprechen. Zudem nehmen Ärzte und Pflegepersonal oft keinerlei Rücksicht auf die sonst selbstverständlichen Regeln zwischenmenschlicher Distanz, indem sie etwa zu jeder Zeit ohne anzuklopfen (oder nach einem nur formellen Anklopfen) das Zimmer betreten. Hieraus folgt einmal eine *komplette Kontrolle der Patienten* über die ganze Zeit des Krankenhausaufenthaltes hinweg. Zugleich wird ständig die *Asymmetrie der Situation* unterstrichen, die jede Wechselseitigkeit verbietet. (Ein Patient würde schwerlich wagen, das Stationszimmer ohne Anklopfen zu betreten.) Endlich ist zu berücksichtigen, daß viele behinderte Patienten gewohnt sind, ihr Anderssein vor der Umwelt zu kaschieren. So wird für sie das Überraschtwerden in Situationen, in denen sie sich nicht für die Blicke der Umwelt hergerichtet haben, immer aufs neue zu einer Peinlichkeit."[70] [71]

1.4.3 Bedingungen, unter denen Mitglieder totaler Institutionen leben

Im Gegensatz zum gesamten Krankenhauspersonal hat der Patient nur sehr begrenzten Kontakt zur Außenwelt. Während Ärzte, Schwestern, Pfleger, Verwaltungsangestellte, Reinigungskräfte u.a. am Ende eines Arbeitstages das Krankenhaus verlassen und selbst bestimmen können, zu wem sie Kontakt aufnehmen, ist der Patient darauf angewiesen, dass Verwandte, Bekannte und Freunde ihn im Krankenhaus besuchen. Manchmal ist er nicht in der Lage, einfachste Handlungen allein auszuführen, so dass er gezwungen ist, auf Hilfe zu warten. So ist es zwar heutzutage üblich, dass der Patient ein Telefon am Bett stehen hat, doch muss dieses erst freigeschaltet werden. Das bedeutet, dass normalerweise Formulare ausgefüllt und an die Verwaltung weitergegeben werden müssen. Besonders ältere Menschen haben manchmal Probleme sowohl die Formulare auszufüllen als auch die oft komplizierte Prozedur der Inbetrieb-

---

[69] vgl. Goffman (1973:18)
[70] Pfeiffer (1986:72-73)
[71] s. Abschnitt 3.3.1 (Patient hat nur noch ein Bein)

nahme des Telefons zu bewältigen. So verzichten sie auf die einzige Möglichkeit, selbstständig Kontakt zur Außenwelt aufzunehmen.

> "Wie bereits gesagt, wird die Handlungsökonomie eines Menschen am nachhaltigsten zerstört, wenn er verpflichtet ist, bei geringfügigen Handlungen, die er draußen ohne weiteres von sich aus verrichten kann, wie etwa rauchen, sich rasieren, zur Toilette gehen, telefonieren, Geld ausgeben oder Briefe aufgeben, um Erlaubnis oder um Material zu bitten. Diese Pflicht versetzt das Individuum nicht nur in eine unterwürfige, demütige und für einen Erwachsenen >>unnatürliche<< Rolle, sondern gibt auch dem Personal Gelegenheit, sein Handeln dauernd zu unterbrechen."[72]

Doch nicht genug damit, dass der Patient kaum in der Lage ist selbst zu handeln, sondern weitestgehend *behandelt* wird, muss er zusätzlich noch Demütigungen verschiedenster Art über sich ergehen lassen.

So finden Gespräche mit dem behandelnden Arzt häufig in Anwesenheit anderer Patienten und eventuell sogar deren Besuchern, anderer Ärzte bzw. dem Pflegepersonal statt. Dabei handelt es sich meistens um sehr persönliche Belange, die der Patient eigentlich lieber mit dem Arzt unter vier Augen besprechen würde. Das hat zur Folge, dass der Patient eventuell wichtige Informationen zurückhält, weil es ihm peinlich ist, sie in Anwesenheit dritter zur Sprache zu bringen.

Ärzte und Schwestern ihrerseits neigen manchmal dazu, über den Patienten zu sprechen, als wäre er gar nicht anwesend, was dazu führt, dass der Patient automatisch in eine immer passivere Rolle gedrängt wird.

> "Die im Verhältnis zu ihrem Status in der Außenwelt niedrige Stellung der Insassen, gleich anfangs durch die Entkleidungsprozesse begründet, schafft ein Milieu des persönlichen Scheiterns, in dem einem sein eigenes Mißgeschick ständig vor Augen geführt wird. Darauf reagiert der Insasse meist in der Form, daß er sich eine Geschichte, einen Standpunkt, einen traurigen Bericht – also eine Wehklage und Apologie – zurechtlegt, die er seinen Schicksalsgefährten beständig erzählt, um seinen gegenwärtigen niedrigen Status zu erklären. Infolgedessen werden sich Konversation und Interessen des Insassen noch mehr als draußen um sein eigenes Selbst drehen, was zu einem ausgeprägten Selbstmitleid führt."[73]

Durch unterschiedliche Prozesse wird dieser ohnehin schon niedrige Status noch verstärkt. So ist der bettlägerige Patient z.B. gezwungen, die Schwester zu rufen, um sich von ihr gegebenenfalls die Bettpfanne bringen zu lassen. Diese muss er dann auch noch in Anwesenheit seiner Mitpatienten benutzen, was eine erneute Demütigung darstellt. Anschließend ist er gezwungen zu warten, bis die Schwester Zeit hat, die Bettpfanne wieder abzuholen. Sowohl der Patient selbst, als auch alle anderen Anwesenden sind durch diesen Vorgang peinlich berührt, denn er bedeutet einen ganz erheblichen Eingriff in die Intimsphäre des Betroffenen. Ähnlich ist es, wenn

---

[72] Goffman (1973:47)
[73] Goffman (1973:70)

ein normalerweise selbstständiger Mensch sich plötzlich beim Waschen, An- oder Ausziehen helfen lassen muss und das nicht einmal von ihm vertrauten Personen, sondern von völlig fremden Menschen.[74]

> "Eine weitere Form der Demütigung in totalen Institutionen besteht darin, daß die Individuen gleich bei der Aufnahme einer verunreinigenden Entblößung ausgesetzt werden. Draußen kann der einzelne die mit Selbstgefühlen besetzten Objekte – etwa seinen Körper, seine unmittelbaren Handlungen, seine Gedanken und einen Teil seiner Habe – vom Kontakt mit fremden, verunreinigenden Dingen fernhalten. In totalen Institutionen jedoch werden diese Bereiche des Selbst verletzt; die Grenze, die das Individuum zwischen sich selbst und der Umwelt zieht, wird überschritten; die Verkörperung des Selbst wird entwürdigt."[75]

Da genügt es schon, dass der Patient gezwungen ist, sich vor Ärzten, Pflegenden bzw. anderen Patienten immer wieder körperlich entblößen zu müssen. Den Extremfall stellt dabei m. E. die Visite dar, wenn zugleich mehrere Personen, den Patienten *umlagern* und alle 'nur einmal kurz einen Blick z.B. auf die Wunde bzw. Narbe werfen möchten'. Anfangs lehnt der Patient sich eventuell noch gegen eine solche Behandlung auf, doch bereits nach relativ kurzer Zeit resigniert er und lässt all diese Prozeduren über sich ergehen.

Das hat wohl auch damit zu tun, dass jeder Patient das Krankenhaus so schnell wie möglich wieder verlassen möchte. Er geht also davon aus, dass – je eher und je besser er sich den Gegebenheiten fügt – er nicht länger *festgehalten* wird als unbedingt nötig. Trotzdem bringt ihn selbst diese Einsicht nicht von der Frage ab: "Herr Doktor, wann werde ich entlassen?" Neben den zuvor beschriebenen Einschränkungen und Demütigungen, die ein Krankenhausaufenthalt mit sich bringt, liegt das wohl hauptsächlich an folgender Tatsache:

> "[...] bei den Insassen vieler totaler Institutionen herrscht weitgehend das Gefühl, daß die in der Anstalt verbrachte Zeit verlorene, vergeudete und nicht gelebte Zeit ist, die abgeschrieben werden kann; sie muß irgendwie abgesessen oder >>durchgestanden<< oder >>hinter sich gebracht<< werden."[76]

Viele Patienten neigen dazu, dem Arzt zu erzählen, was sie in dieser für sie scheinbar vollkommen nutzlosen Zeit des Krankenhausaufenthaltes, alles hätten erledigen können.[77] Dabei scheinen sie den Grund bzw. das Ziel ihres Aufenthaltes bereits vergessen zu haben: medizinische Behandlung bzw. Heilung. Der Arzt seinerseits empfindet das als Missachtung seiner Bemühungen und fühlt sich durch den Patienten ge-

---

[74] s. Abschnitt 3.3.1 (Patient hat nur noch ein Bein. Er hat Schwierigkeiten die Toilette alleine aufzusuchen und zu benutzen, da diese nicht behindertengerecht ausgestattet ist.)
[75] Goffman (1973:33)
[76] Goffman (1973:71)
[77] s. Abschnitt 3.3.1 (Patient verpasst Vereinssitzung)

nötigt, sich zu rechtfertigen. Zu diesem Zweck bedient er sich einer ganz bestimmten Sprache, die im folgenden näher beschrieben wird:

> "Die Einsicht, daß totale Institutionen normalerweise recht weit hinter ihren offiziellen Zielen zurückbleiben, ist weit verbreitet. Weniger verbreitet ist die Einsicht, daß alle diese offiziellen Ziele und Grundsätze sich erstaunlich gut eignen, einen Schlüssel zum Verständnis zu liefern – eine Sprache von Erklärungen, die der Stab und manchmal auch die Insassen auf alle in der Anstalt anfallenden Aktionen anwenden können. So ist ein medizinischer Bezugsrahmen nicht lediglich eine Perspektive, um Entscheidungen hinsichtlich der Dosierung von Medikamenten zu treffen und einsichtig zu machen; nach dieser Perspektive werden auch alle anderen Arten von Entscheidungen getroffen, z.b. zu welchen Stunden die Krankenhausmahlzeiten ausgegeben werden oder wie die Bettwäsche der Klinik gefaltet werden muß."[78]

Welche Besonderheiten die Kommunikation zwischen Arzt und Patient genau aufweist und welche Möglichkeiten es gibt, die Kommunikation zwischen diesen beiden Gruppen zu verbessern, soll Thema des nächsten Kapitels sein.

---

[78] Goffman (1973:87)

2 Kommunikationsraum Krankenhaus

Im Krankenhaus ergibt sich eine ganz besondere Kommunikationssituation, die durch verschiedene Faktoren geprägt wird. Wer als Patient ins Krankenhaus kommt, hat meistens gegen Empfindungen wie Unsicherheit, Angst, Beklommenheit, Ausgeliefertsein, Bedrohung, Neugier, Unbehagen usw. anzukämpfen. Obwohl vermutlich jeder Mensch solche oder ähnliche Empfindungen kennt, reagiert jeder anders darauf. Manche Menschen zeigen eher zurückhaltende Reaktionen, andere benehmen sich ungewöhnlich zuvorkommend. Weitere Reaktionen können aber auch Gefügigkeit, ein forsches Wesen, Vergesslichkeit, "Schussligkeit", Begriffsstutzigkeit, usw. sein. Diese Empfindungen und Reaktionen entstehen nicht nur, weil Patienten in eine völlig fremde Umgebung kommen, sondern hauptsächlich wohl dadurch, dass sie sich bewusst sind, dass sie für eine gewisse Zeit ihre Eigenständigkeit verlieren und auf fremde Hilfe angewiesen sind. Egal, ob ihnen eine Operation bevorsteht oder ob sie neu auf Insulin eingestellt werden müssen, sie sind für diese Aufgaben nicht mehr eigenverantwortlich. Das wirkt sich entsprechend auch auf das Kommunikationsverhalten aus, denn durch die Abhängigkeit, in die die Patienten gedrängt werden, werden sie ebenso gezwungen, sich mit Personen "unterhalten" zu müssen, mit denen sie normaler Weise vielleicht nie ein Wort wechseln würden. Kriterien wie Sympathie und Antipathie spielen in der totalen Institution Krankenhaus keine Rolle, denn weder Patienten noch Ärzte können sich ihre Gesprächspartner aussuchen.

2.1 Arzt-Patient-Kommunikation im Krankenhaus

Als Argument für mangelnde Kommunikation zwischen Arzt und Patient wird vielfach der Faktor Zeit vorgeschoben. In allen, mit Ärzten der Kliniken Essen und Dresden, geführten Interviews[79] wurde auf den Zeitfaktor hingewiesen.

> "Wer heute als Kranker die hochmoderne Maschinerie medizinischer Versorgung in Anspruch nimmt, dem muß auffallen, daß er in ihr der Sprache kaum bedarf. Sprache erweist sich sogar als unerwünscht, wenn sie den programmierten Ablauf im Verbund der technischen Systeme stört: "Da hält einer mit langen Reden den ganzen Betrieb auf", wo es doch um Objektivierung nackter und nüchterner Tatbestände gehe."[80]

---

[79] s. Abschnitte 3.2.2 und 3.3.2
[80] Luban-Plozza/Knaak (1982:20)

Durch diese Einstellung haben aber weder der Arzt noch der Patient etwas gewonnen, denn manchmal ist es sinnvoller Minuten zu investieren, um Stunden zu sparen[81].

"Dem praktischen Arzt wird es wohl immer darum gehen müssen, den Menschen zu verstehen. Insofern treibt er Charakterkunde als eine naturgegebene Wissenschaft, die in allen sozialen Interaktionen steckt und die bei gestörten Verhaltensbildern besonders bedeutend wird durch ihre therapeutischen Inhalte und Möglichkeiten, die Störungen zur Gesundung hin zu beeinflussen."[82]

Das gilt natürlich nicht nur für den Arzt im Krankenhaus, doch ist hier m. E. die Macht des Arztes über den Patienten wesentlich größer als in der freien ärztlichen Praxis, weil der stationäre Patient das Krankenhaus nicht so einfach verlassen kann. Er muss den Anordnungen des Arztes folgen, da er sonst mit sanktionierenden Maßnahmen zu rechnen hat. Hält der Patient sich beispielsweise nicht daran, dass er ab einer bestimmten Uhrzeit keine Nahrung mehr zu sich nehmen darf, dann liegt das wohl selten an der Bosheit der Patienten. Es hat wohl eher damit zu tun, dass der Arzt sich nicht ausreichend Zeit genommen hat, dem Patienten zu erklären, wie wichtig diese oder jene Untersuchung für ihn sein kann, um die Ursache einer Erkrankung festzustellen bzw. auszuschließen, und dass diese Untersuchung nur unter ganz bestimmten Voraussetzungen durchzuführen ist. Hält der Patient sich aber nicht an die vorgegebene Uhrzeit, muss die Untersuchung eventuell auf den nächsten Tag verschoben werden, und der Patient wird ungeduldig, weil sich sein Krankenhausaufenthalt dadurch vielleicht um einen weiteren Tag verlängert.

"Dementsprechend beschreibt SIEGRIST (1978) die asymetrische Struktur der alltäglich praktizierten Arzt-Patienten-Kommunikation: dem Expertentum der Ärzte steht das Laienwissen der Patienten gegenüber. Während "der Arzt als ranghöchstes Mitglied der Institution Krankenhaus mit Lizenz und Mandat ausgestattet und als Sanktionsinstanz eingesetzt ist" (ebenda, S. 109), hat der Patient nur wenig Einflußmöglichkeiten auf den Ablauf der veranstalteten Tätigkeiten. Schließlich bewegt sich der Arzt in routinemäßig vertrauten Kategorien, während der Patient durch die existentielle und oft einmalige Betroffenheit eine hohe emotionale Involvierung in die Situation und alle damit verbundenen Interaktionen entwickelt (ebenda)."[83]

Hier zeigt sich in ganz deutlicher Weise, welche Macht der Arzt über den Patienten besitzt. Diese Macht entsteht u.a. dadurch, dass der Arzt sich im Gegensatz zum Patienten auf vertrautem Terrain bewegt. Die Behandlung eines Patienten ist für ihn tägliche Routine. Dabei hält er sich auch bei der Kommunikation an ganz bestimmte Muster. Ein Patient, der dieses Muster aufgrund der für ihn "einmaligen" Situation des Krankenhausaufenthaltes nicht kennen kann, kann sich auch nicht daran halten.

---

[81] vgl. Luban-Plozza/Knaak (1982:92)
[82] Luban-Plozza/Knaak (1982:11)
[83] Der Bundesminister für Arbeit und Sozialordnung (Hrsg.) (1980:447/448)

"SIEGRIST (1976) unterstreicht den selbstbeschränkenden Zirkel in der Arzt-Patient-Kommunikation: Die Patienten haben Bedürfnisse und Wünsche, die sie aber nicht von selbst aussprechen. Antizipierte Vorerfahrungen und Erwartungen an typisches Patientenverhalten lassen sie von vornherein mit reduzierten Bedürfnissen an das Krankenhaus und sein Personal herantreten. Daß diese Rollenbilder von der Institution und seinem Handeln selbst mit begründet werden, nimmt der Arzt – wenn überhaupt – nur sehr ungern wahr. Ihm dienen sie vorwiegend zur Legitimierung verkürzter eigener Kommunikationsangebote. Seine fachmännische Autorität, seine institutionelle Weisungs- und Sanktionsbefugnis sichern ihn gegen weitergehende Anforderungen des Patienten ab. Entsprechend lassen sich im Gespräch typische Steuerungsmechanismen des Arztes beobachten, die zur Vermeidung von eventuellen Gesprächsanforderungen des Patienten eingesetzt werden. SIEGRIST (ebenda) beschreibt dabei sog. 'asymetrische Verbalhandlungen'. Hierbei geht der Arzt nur scheinbar auf Kommunikationsangebote der Patienten ein, indem er verschiedene, dem Angebot inadäquate Antwortstrategien benutzt, die letztlich am Aufklärungsbedürfnis des Patient[e]n vorbeigehen."[84]

Patienten haben vielfach Angst, dem Arzt, bzw. den Ärzten mit ihren Fragen die Zeit zu stehlen. Darum versuchen sie, sich mit Hilfe medizinischer Fachbücher, Zeitungsartikel, Broschüren oder Sonstigem ein eigenes Bild zu machen. Da die Vorkenntnisse in den meisten Fällen aber doch eher begrenzt sind, kann es geschehen, dass sie sich ein vollkommen falsches Bild von ihrer Krankheit machen. Das kann sowohl bedeuten, dass die Krankheit wesentlich schlimmer ist, als der Patient vermutet, es kann aber ebenso sein, dass der Patient sich für ernsthaft krank hält, obwohl es sich nur um eine Bagatelle handelt. Der gerade beschriebene Prozess wird oftmals von Schwestern oder Pflegern beobachtet, da sie wesentlich mehr Kontakt zu den Patienten haben als die Ärzte.

"Er [der Pfleger] erfährt seinerseits emotionale Verunsicherung der Patienten und ihre faktischen Informationsdefizite, mit denen sie sich an ihn wenden, andererseits aber auch ihre Passivität und das scheinbare Desinteresse bei Visiten und anderen Arzt-Patienten-Begegnungen.

Hier wird deutlich, wie die Antizipation typisierten Patientenverhaltens zur Legitimation eingefahrener Kommunikations- und Handlungsstrategien seitens des Krankenhaus-Personals werden kann. Beispielsweise erörterte der Stationsarzt gegenüber dem Beobachter (nach einer Stationsvisite), wie schwierig es für den Arzt sei, angesichts der offensichtlichen Passivität und des Desinteresses der Patienten ("... die haben ja das alles am nächsten Morgen schon wieder vergessen und dann erzählen sie das alles noch einmal ...") eine zureichende Informierung zu erreichen."[85]

Dabei übersieht jener Stationsarzt aber, dass es für den Patienten sehr schwierig ist, seine eigene Meinung zu vertreten, da er Gefahr läuft, gegen den Konsens, der unter den Ärzten und anderen an der Visite teilnehmenden Personen herrscht, zu verstoßen.[86] Der Arzt bringt das Problem nicht mit seinem Verhalten gegenüber dem Patienten in Verbindung, sondern für ihn liegt das Problem eindeutig beim Patienten selbst.

---

[84] Der Bundesminister für Arbeit und Sozialordnung (Hrsg.) (1980:448/449)
[85] Der Bundesminister für Arbeit und Sozialordnung (Hrsg.) (1980:468/469)
[86] vgl Luhmann (1970:31-32)

"nicht der medizinische Routineprozess mit seinen beschränkten Interaktionschancen wird infrage gestellt, sondern die Fähigkeit des Patienten, sich an diesen anzupassen. Die ärztliche Autorität und die Härte der Institutionalisierung zwingt den Patienten gleichzeitig in eine Abhängigkeit vom ärztlichen Urteil, so daß weitergehende Anforderungen und Kritikbedürfnisse eher zurückgestellt als direkt geäußert werden. Die Ironie im Mißverständnis dieser reziproken Verhaltenserwartungen zwischen Arzt und Patient ist mehr als eine theoretische Spekulation: Sie ist die interaktionelle Grundlage einer für beide Seiten nicht zufriedenstellende Klinikpraxis. Innovationsstrategien, die auf den Abbau der Informationsdistanz zwischen Arzt und Patient zielen, müssen an diesem Beziehungsdilemma ansetzen und die routinisierte Rollenverteilung im Krankenhaus verändern (vgl. SIEGRIST 1978, ders. 1979)."[87]

2.1.1 Das Gespräch zwischen Arzt und Patient

Probleme bei der Arzt-Patient-Kommunikation ergeben sich laut *Hagen*[88] hauptsächlich dadurch, dass der Patient den Arzt nicht ausreichend fordert. Da es um die persönliche Gesundheit des Patienten geht, hat dieser aber das Recht dem Arzt Fragen zu stellen die er, der Patient, als wichtig erachtet. Als erstes sollte der Patient daher versuchen, eine Atmosphäre zu schaffen, in der der Arzt sich nicht angegriffen fühlt, sondern er sollte wissen, dass der Patient für die bisherigen Bemühungen dankbar ist und die Leistungen des Arztes zu würdigen weiß, es aber trotzdem noch offene Fragen gibt, die er beantwortet haben möchte. Dabei ist es besonders wichtig, dass der Patient nach einer individuellen Prognose fragt.[89] Es nützt dem Patienten nichts, wenn der Arzt ihm mitteilt, wie seine Verletzung bzw. Krankheit bei anderen Patienten verläuft, sondern er möchte wissen, wie der Krankheitsverlauf bei ihm persönlich aussehen wird. Daraus folgt, dass <u>keine</u> Frage des Patienten unausgesprochen bleiben darf, wenn eine Verbesserung des Arzt-Patienten-Verhältnisses erzielt werden soll. Eben dies ist aber das Problem, denn es kann vielerlei Gründe geben, warum Patienten dem Arzt bestimmte Fragen nicht stellen: Der Patient hat z.B. Angst davor, die Wahrheit über seine Krankheit zu erfahren, denn diese könnte wesentlich schlimmer sein, als er sie einschätzt. Der Arzt könnte sie aber auch als weniger schlimm darstellen und der Patient hätte das Gefühl ein Simulant zu sein oder er müsste ab sofort auf gewisse Privilegien verzichten, die ihm Menschen aus seiner näheren Umgebung aufgrund seiner Erkrankung bereits eingeräumt hatten. Da er dem Arzt ein gewisses Maß an Macht zuerkennt, nimmt er an, dass der Arzt die Meinung des Patienten über seine Krankheit nicht akzeptieren wird und daher versuchen könnte ihn, den Patienten, dazu zu bringen den Standpunkt des Arztes anzunehmen. Es ist jedoch ebenfalls

---

[87] Der Bundesminister für Arbeit und Sozialordnung (Hrsg.) (1980:468/469)
[88] Hagen (1990:39)
[89] Vgl. Hagen (1990:35)

möglich, dass ein Patient eine bestimmte Frage nicht stellt, weil er die Antwort lieber nicht erfahren möchte. Das ist z.b. der Fall, wenn der Arzt noch weitere Kontrollen bzw. Untersuchungen anordnet aus denen der Patient schließt, dass seine Krankheit schlimmer ist als der Arzt ihm eingestehen will. Er hat dann eventuell Angst, dass ein erneuter operativer Eingriff erforderlich sein könnte. Ein wesentlich banalerer Grund für das nicht Aussprechen einer Frage kann aber auch sein, dass der Patient den Inhalt einer Frage einfach für unwichtig hält oder Schwierigkeiten bei deren Formulierung hat. Außerdem will er den Arzt mit seinen Fragen nicht über Gebühr strapazieren. Oftmals resultieren Probleme aber auch einfach daraus, dass Arzt und Patient bestimmte Begriffe unterschiedlich verwenden.

„Im Sprachgebrauch des Mediziners werden >Symptome< klar und deutlich unterschieden von >Krankheitszeichen<. Symptome sind jene Krankheitshinweise, die der Patient selber spürt, also etwa Schmerz, Juckreiz, Schwindel, Übelkeit. Dem stehen Krankheitszeichen gegenüber: harte, reproduzierbare Daten, also Laborwerte, ausmeßbare Strecken oder Winkel bei elektrisch aufgezeichneten Funktionen bestimmter Organe, durch Ultraschall, Röntgenstrahlen oder andere Verfahren aufgezeichnete Bilder und so weiter."[90]

Es ergeben sich jedoch nicht nur Schwierigkeiten durch die Verwendung von Fachsprache auf Seiten des Mediziners und Verwendung von Alltagssprache auf Seiten des Patienten. Der Arzt sollte sich auch immer bewusst machen, dass er durch die richtige Wortwahl[91] entscheidend dazu beitragen kann, dass der Patient eine andere Einstellung zu seiner Krankheit bekommt. Mit der Antwort "Damit müssen Sie leben" lässt der Arzt dem Patienten scheinbar keine Wahl. Der Patient nimmt dadurch eine passive Haltung an und gibt jegliche Hoffnung auf eine Verbesserung seines derzeitigen Gesundheitszustandes auf. Antwortet der Arzt jedoch "Damit werden Sie leben können" macht er dem Patienten indirekt Hoffnung und gibt ihm somit das Gefühl, dass er aktiv an seiner Genesung mitarbeiten kann.

2.2 Kommunikationsmodell und Gesprächsführung

2.2.1 Das TALK-Modell als Beispiel eines Kommunikationsmodells

Die menschliche Kommunikation dient dazu Informationen auszutauschen. Dabei kommt es nicht nur darauf an, *was* gesagt wird, sondern *wie* es gesagt wird. Ton, Gestik, Mimik und Wortwahl werden vom Gesprächspartner wahrgenommen und mit dem Inhalt einer Äußerung zu einer Gesamtbedeutung verbunden. So kann es also

---
[90] Hagen (1990:43)

vorkommen, dass der momentane Gefühlszustand, die Meinung über den Gesprächspartner oder bestimmte Gesprächsabsichten des Sprechers im Gespräch erkennbar werden. Ein Kommunikationsmodell, das all diese Punkte berücksichtigt, ist das TALK-Modell. Die Abkürzung TALK steht für **Tatsache, Ausdruck, Lenkung und Kontakt**. Danach kommt es also bei der menschlichen Kommunikation darauf an, dass eine Person eine *Tatsache* auf eine bestimmte Weise zum *Ausdruck* bringt. Ein Gespräch erfährt durch die Wortwahl oder die Art zu sprechen eine *Lenkung*, womit der Sprecher erreichen kann, dass der Hörer seine Meinung über etwas ändert oder einer Bitte des Sprechers nachkommt o.ä.. *Kontakt* bedeutet, dass zwischen Sprecher und Hörer immer eine Beziehung aufgebaut wird.

Obwohl alle vier Aspekte im Gespräch immer in ihrer Gesamtheit vorkommen, sollen sie bis auf die *Tatsache* nachfolgend einzeln noch einmal genauer betrachtet werden.

2.2.1.1 Ausdruck

Wie bereits zuvor erwähnt spielt der *Ausdruck* bei jedem Gespräch eine wichtige Rolle. Dieser besteht hauptsächlich aus nonverbalen Kommunikationsmitteln[92], die sowohl als Ersatz für gesprochene Sprache dienen (Kopfschütteln, Schultern hochziehen) als auch etwas Gesprochenes be- bzw. entwerten (Nase rümpfen, Augenzwinkern). Hinzu kommt noch, dass sie die Funktion der Gesprächssteuerung erfüllen können (bestimmte Handbewegungen oder Blicke, um jemanden zum Sprechen aufzufordern).

Um den Gesprächspartner einschätzen zu können, gilt es aber noch viele weitere Dinge zu beachten.

„Stimme, Dialekt, Sprechweise oder Akzent der Sprache geben uns viele Hinweise über den / die SprecherIn, über die Herkunft (Dialekt), den Bildungsgrad (Hochdeutsch oder Slang, Sprachstil) oder die Zugehörigkeit zu bestimmten Berufsgruppen (etwa durch eine berufsspezifische Fachsprache). Gestik oder (hohe) Stimmfrequenz können uns in manchen Situationen Aufschluß über die Nervosität und Unsicherheit der SprecherInnen geben. Natürlich können wir uns hinsichtlich dieser ganzen Informationen auch irren: Eine sonore Stimmlage täuscht Sicher-

---

[91] s. Abschnitt 2.2.1
[92] Als non-verbale Kommunikationsmittel gelten
„- die räumliche Distanz zwischen den GesprächspartnerInnen;
 - Kleidung;
 - Statussymbole;
 - Körperhaltung;
 - Blickkontakt;
 - Mimik / Gestik;
 - Sprechpausen / Sprechgeschwindigkeit / Lautstärke / Stimmvariation." (Scheidt, 1991:30)

heit vor, auch wenn gar keine vorhanden ist; ein(e) ausgefeiltes Hochdeutsch täuscht Bildung vor, eine übertriebene Fachsprache Sachkenntnis oder Berufsgruppenzugehörigkeit."[93]

Besondere Anforderungen an den Gesprächspartner werden dann gestellt, wenn verbaler und nonverbaler Teil einer Aussage inkongruent sind, d.h., jemand mit einem vor Schmerz verzerrten Gesicht behauptet, dass es ihm sehr gut geht. Es genügt also nicht, nur bestimmte Informationen, die man über den Gesprächspartner erhält, zu verwerten, sondern es ist notwendig alle Informationen miteinander zu verknüpfen, um sich ein genaues 'Bild' seines Gesprächspartners machen zu können. Die Gefahr von Vorurteilen und Missverständnissen ist allerdings auch damit nicht auszuschließen, denn es wird immer Gesprächssituationen geben, für die die bisherigen Erfahrungen nicht ausreichen, da z.B. mit einer Geste plötzlich etwas ganz anderes ausgedrückt werden soll, als es bisher der Fall war.

2.2.1.2 Lenkung

In jedem Gespräch wird der Gesprächspartner in irgendeiner Weise beeinflusst. Dies kann sowohl bewusst als auch unbewusst geschehen und es kann sich dabei sowohl um eine positive Beeinflussung bzw. Lenkung handeln als auch um eine negative. In einer 'normalen' Gesprächssituation ist diese Art der Manipulation ein eher harmloser Vorgang, denn der Gesprächspartner hat die Möglichkeit sich gegen diese Lenkung zu wehren. Beeinflusst wird die Möglichkeit zur Manipulation als auch die zur Gegenwehr z.B. durch die berufliche oder gesellschaftliche Position der Gesprächspartner. Bei einem Gespräch zwischen einem Vorgesetzten und dessen Mitarbeiter liegen die größeren Möglichkeiten der Beeinflussung eindeutig beim Vorgesetzten und die Chancen der Gegenwehr sind bei dem Mitarbeiter eher gering. Es gibt jedoch noch

"[...] weitere *soziale und persönliche Faktoren*, die den Verlauf der Lenkung im Gespräch bestimmen, etwa:
- die Art der Beeinflussung (Gespräch, Versprechen materieller Vorteile, Drohungen u.Ä.);
- die Bedeutung (je wichtiger eine Einstellung, Meinung oder Handlung für jemanden ist, desto schwerer ist sie auch zu ändern);
- die beteiligten Personen (deren Macht, Bekanntheit, Vertrautheit, Glaubwürdigkeit; unsere Leichtgläubigkeit, Selbstsicherheit u.Ä.)."[94]

Der Arzt hat weitaus größere Möglichkeiten den Patienten zu beeinflussen als umgekehrt. Dabei spielt die Art der Beeinflussung eine wesentliche Rolle. Der Arzt kann dem Patienten z.B. damit drohen, dass er ihm nicht helfen kann, wenn dieser seine

---
[93] Scheidt (1991:30-31)
[94] Scheidt (1991:32)

Anordnungen generell missachtet. Genauso kann der Arzt dem Patienten z.b. versprechen, dass er ihn früher aus dem Krankenhaus entlassen kann, wenn er stets die Anweisungen des Arztes befolgt und somit den Heilungsprozess beschleunigt.

2.2.1.3 Kontakt

Eine wichtige Funktion von Gesprächen ist die Kontaktpflege. Dabei kommt es entscheidend darauf an, *wie* der Kontakt zwischen den Gesprächspartnern hergestellt wird. Dies wiederum bedeutet, dass der Inhalt eines Gespräches bei einer Begrüßung nebensächlich sein kann. „Das Gespräch ist weniger Informationsaustausch als vielmehr Machtkampf, Schauspiel, Beziehungspflege o.Ä. Diese „geheime Tagesordnung" wird häufig aus dem verbalen und nonverbalen Verhalten der jeweiligen GesprächspartnerInnen erschlossen."[95] Die Transaktionsanalyse deutet nun das Verhalten und Erleben aus wechselnden 'Ich-Zuständen' des Menschen, wobei es sich um das 'Kind-Ich', das 'Erwachsenen-Ich' und das 'Eltern-Ich' handelt. Im *Kind-Ich* finden sich Wünsche, Sehnsüchte, Ängste und Triebe wieder. Das *Erwachsenen-Ich* dient „als Ort der vernünftigen, realistischen Auseinandersetzung mit anstehenden Problemen und Möglichkeiten"[96] und das *Eltern-Ich* ist gekennzeichnet durch Verbote, Normen, Gesetze oder Ideale. Das Verhalten zweier Menschen zeigt dementsprechend, welche Form der Beziehung sie in ihrem Gespräch haben, denn eines der drei eigenen Ichs richtet sich im Gespräch an eines der drei Ichs des Gesprächspartners. Auf Dauer sind nur Gespräche zwischen Personen auf der Erwachsenen-Ich Ebene stabil und ausgewogen. Kommunizieren jedoch Personen auf unterschiedlichen Ebenen miteinander führt das zu Konflikten. Ob eine Äußerung auch vom jeweiligen Gesprächspartner kommen könnte, zeigt, ob es sich bei einem Gespräch zwischen zwei bzw. mehr Personen um eine ausgeglichene Beziehung handelt. Dies ist eher selten der Fall, wenn es sich bei den Gesprächsteilnehmern um einen Vorgesetzten und dessen Mitarbeiter handelt. Und beinahe unmöglich ist dies bei einem Gespräch zwischen Arzt und Patient. Selbst wenn es sich bei dem Patienten ebenfalls um einen Arzt handeln sollte, so bleibt er in erster Linie doch Patient und muss sich somit den Normen und Gesetzen des behandelnden Arztes beugen.

„Im Krankenhaus wird der Kontakt im Gespräch auch dadurch kompliziert, dass hier verschiedene Menschen- bzw. Berufsgruppen miteinander in Berührung kommen (Pflegepersonal, Ärz-

---

[95] Scheidt (1991:32)
[96] Scheidt (1991:32)

tInnen, PatientInnen, Verwaltungsangestellte). Diese Beziehungen werden aber durch die komplizierten Abhängigkeitsverhältnisse untereinander unter Umständen recht schwierig."[97]

2.2.2 Die Gesprächsführung

Während im Alltag ein Gespräch meistens unbemerkt durch Prozesse wie Ausdruck, Lenkung und Kontakt beeinflusst wird, geht es bei der Gesprächsführung um den bewussten Umgang mit diesen Gesprächsanteilen. Nachdem im vorherigen Abschnitt verschiedene Aspekte eines Gesprächs aufgezeigt wurden, sollen nun verschiedene Aspekte des *Sprachverständnisses* dargelegt werden.

„Ging es also bisher um eine Klärung der Frage, *was* in einem Gespräch alles ausgedrückt und behandelt werden kann, so geht es nun um die Frage, *wie* Menschen eigentlich mit der gesprochenen Sprache umgehen, was zwischen einem gehörten Satz und der eigenen Antwort an psychischen Prozessen abläuft (die eben im Alltag nicht immer alle bewußt erlebt werden)."[98]

Man kann ein Gespräch als Kommunikationskette betrachten, die sich aus folgenden Kettengliedern zusammensetzt: Wahrnehmung, Vermutung, Empfindung und Reaktion. Gesprächspartner 1 *nimmt* bei Gesprächspartner 2 ein Kopfschütteln *wahr*, daraufhin *vermutet* Partner 1, dass sein Gegenüber etwas missbilligt. Dies löst bei Gesprächspartner 1 eine bestimmte *Empfindung* aus (z.b. ebenfalls Missbilligung) und das führt dann zu einer *Reaktion*, die sowohl verbaler als auch nonverbaler Art sein kann. „Die gezeigte Reaktion löst nun ihrerseits die Glieder der Kommunikationskette beim jeweiligen Gegenüber aus."[99]

Eine Kommunikationskette lässt sich nun aber nicht gesondert betrachten, denn Gespräche sind immer durch soziale oder kulturelle Strukturen vorbestimmt. Sowohl ihr Verlauf als auch ihr Inhalt sind durch einen Rahmen vorgegeben. Für Telefonate oder Verkaufsgespräche gelten beispielsweise ganz andere Rahmenbedingungen als für Visitengespräche. Dementsprechend gibt es auch verschiedene Arten der Gesprächsführung. Im Folgenden soll nun die patientenorientierte Gesprächsführung näher beschrieben werden.

2.2.2.1 Die patientenorientierte Gesprächsführung

Die Basis für die patientenorientierte Gesprächsführung bilden nach Rogers folgende Punkte:

---

[97] Scheidt (1991:33)
[98] Scheidt (1991:34)
[99] Scheidt (1991:35)

„ - Einfühlendes Verstehen;
- Positive Wertschätzung;
- Echtheit."[100]

Beim einfühlenden Verstehen handelt es sich um einen zu komplexen Prozess, als dass er an dieser Stelle in seiner Gesamtheit beschrieben werden könnte. Es soll daher nur das Verstehen der momentanen Gefühle des jeweiligen Gesprächspartners berücksichtigt werden. Schwierigkeiten ergeben sich auf verbaler Ebene dadurch, dass Gefühle oft nicht direkt sondern nur indirekt zum Ausdruck gebracht werden, wie im folgenden Beispiel deutlich zu erkennen sein wird:

> "a) Mich ärgert die Art, wie Du mit anderen umgehst.
> b) Du benimmst Dich wie ein Elefant im Porzellanladen!
> c) Interessieren Dich die anderen nicht?
> d) Man sollte wenigstens die Gebote der Höflichkeit beachten."[101]

Nur in Aussage a) wird das Gefühl des Ärgers direkt ausgedrückt, in den drei anderen Äußerungen ist es nur in indirekter Form zu finden. Bei der patientenorientierten Gesprächsführung gilt es also besonders auf die verborgenen Gefühlsäußerungen zu achten. Ein Satz, der mit den Worten „Ich habe das Gefühl, dass ..." beginnt muss nicht bedeuten, dass tatsächlich eine direkte Gefühlsäußerung zu erwarten ist. Damit können ebenso Meinungen oder Vermutungen geäußert werden. Wenn ein Patient z.B. bei der Visite zum Arzt sagt: „Ich habe das Gefühl, dass ich noch lange im Krankenhaus bleiben werde.", dann handelt es sich eigentlich nur um eine Vermutung. Indirekt bringt der Patient damit aber auch seine Gefühle wie Angst, Resignation oder Wut zum Ausdruck. Eventuell empfindet er Angst, weil die Ärzte die Ursache seiner Krankheit bisher nicht herausfinden konnten. Er resigniert, weil er selbst nichts unternehmen kann, um seine Heilung zu beschleunigen. Er kann aber auch wütend sein, weil er denkt, dass die Ärzte seine Krankheit viel schlimmer einschätzen als er selbst und ihn damit unnötig lange von 'wirklich wichtigen Aufgaben' abhalten, die er in dieser Zeit eigentlich zu erledigen gehabt hätte.

Die Ziele der patientenorientierten Gesprächsführung sollten sein,

> „im Laufe des Gesprächs nicht nur die indirekt ausgedrückten Gefühle, sondern auch die versteckten und undeutlichen Gedanken, Motive, Wünsche usw. unserer GesprächspartnerInnen zu verstehen und auszusprechen."[102]

---

[100] Rogers zit. n. Scheidt (1991:37)
[101] Gudjons zit. n. Scheidt (1991:38)
[102] Scheidt (1991:39)

Dabei gilt es allerdings immer zu beachten, dass Kommunikation häufig nicht eindeutig ist und deshalb nur Vermutungen geäußert, aber niemals Behauptungen aufgestellt werden dürfen.
Zu Rogers Merkmalen als Voraussetzung einer patientenorientierten Gesprächsführung gehört, wie eingangs bereits erwähnt, eine positive Wertschätzung des Gesprächspartners. Grundsätzlich hat jeder Mensch den Wunsch von anderen gemocht oder zumindest akzeptiert zu werden. Bei der positiven Wertschätzung geht es darum, den Gesprächspartner genau so zu akzeptieren wie er uns entgegentritt, unabhängig davon welche Äußerungen er in dem Moment von sich gibt oder wie er sich verhält.

> „Wir können durchaus inhaltlich anderer Meinung sein, doch muß für das Gegenüber spürbar bleiben, daß wir sie/ihn trotz des inhaltlichen Meinungsunterschiedes nicht ablehnen, sondern sie/ihn so annehmen wie sie/er ist und keine Bedingungen für diese Wertschätzung stellen."[103]

Jedes Gespräch ist mit Emotionen der Gesprächsteilnehmer behaftet. Für den gesprächsführenden Partner ist es wichtig diese Gefühle bei sich wahrzunehmen und diese eventuell sogar dem Gesprächspartner mitzuteilen. Das könnte z.b. nötig sein, wenn ein Patient eine Bestätigung über die Richtigkeit seines Verhaltens von dem behandelnden Arzt erhalten möchte und der Arzt diese Bestätigung auf gar keinen Fall geben kann. Im Extremfall könnte es immerhin passieren, dass die Aussage des Patienten den Arzt dermaßen in Wut versetzt, dass er dem Patienten bei dessen weiteren Ausführungen gar nicht mehr richtig zuhört. Um das zu vermeiden, sollte sich der Gesprächsführende, in diesem Fall also der Arzt, über die Echtheit seiner Gefühle klar werden und dem Patienten mitteilen, wenn er es für sinnvoll hält. Falls der Arzt es vorzieht seine Gefühle dem Patienten gegenüber zu verbergen, könnte das dazu führen, dass der Patient dieses 'unechte' Verhalten bemerkt und somit ein Prozess in Gang gesetzt wird, "der eine intensive und vertrauensvolle Begegnung zwischen zwei Menschen ausschließt, da ein wechselseitiges Verbergen beginnt, hinter dem die beteiligten Personen zusehends verschwinden."[104]
Die patientenorientierte Gesprächsführung dient dem Zweck, dem Patienten im Verlauf eines Gesprächs eine Beziehung anzubieten, die es ihm ermöglicht offen über alles zu sprechen. Ob er dieses Angebot nutzt, ist seine eigene Entscheidung. Im Gegensatz zur Alltagsrede zielt die patientenorientierte Gesprächsführung darauf ab, ein möglichst genaues Bild über Empfindungen und Erfahrungen des Patienten im Umgang mit seiner Krankheit bzw. mit seinem Krankenhausaufenthalt zu erhalten. "Ver-

---
[103] Scheidt (1991:39)
[104] Scheidt (1991:40)

urteilungen, Lächerlich-Machen, Manipulationen sollten genauso fehlen wie vorschnelle Hinweise, Ratschläge und eigene Meinungen."[105] Das würde nämlich bedeuten, dass der Arzt seinen eigenen Bezugsrahmen benutzt und nicht den des Patienten, was dazu führen könnte, dass der Patient sich verschließt und dem Arzt z.B. eventuell vorhandene Ängste nicht mehr mitteilt. Genau diese Ängste könnten aber möglicher Weise sein gesamtes Befinden negativ beeinflussen. Andererseits kann die patientenorientierte Gesprächsführung auch für den Arzt eine Erleichterung darstellen, denn er setzt sich damit nicht dem Zwang aus, auf jede Frage eine Antwort zu kennen. Er kann dem Patienten gegenüber zugeben, dass er nicht allwissend ist und verhindert dadurch, dass er 'unecht' auf den Patienten wirkt.

---

[105] Scheidt (1991:41)

3 Die Stationsvisite

Für die Arzt-Patient-Kommunikation im Krankenhaus ist die Visite von ganz entscheidender Bedeutung, denn es kommt durchaus vor, dass Arzt und Patient an manchen Tagen ausschließlich während der Visite die Möglichkeit zum Gespräch haben. Was genau ist nun aber unter dem Begriff "Visite" zu verstehen? Laut Brockhaus handelt es sich bei der Visite um die

> "regelmäßige Befragung und Begutachtung eines stationär versorgten Kranken durch den behandelnden Arzt (Stationsarzt, Oberarzt, Chefarzt), meist in Begleitung der Assistenzärzte und der Oberschwester, zur Festlegung der weiteren therapeut. Maßnahmen oder des Entlassungstermins aus dem Krankenhaus."[106]

Damit wäre der Begriff "Visite" zwar eindeutig definiert, über ihre Bedeutung sowohl für den Patienten als auch für den Arzt sagt sie aber nichts aus.

Für den Patienten stellt die Visite einen Orientierungspunkt, auf dem ihm sonst sehr wenig vertrauten Gebiet des Krankenhausaufenthaltes, dar. Daher ist gerade die Visite besonders entscheidend für das Verhältnis zwischen Patient, Ärzten und Pflegepersonal. Es geht bei der Visite nicht nur darum, Diagnostik und Therapie zu besprechen, sondern hier wird sowohl die Einstellung zur Krankheit als auch zur Behandlung vermittelt.

> "Hier entscheidet sich also, ob Behandlung und Pflege am kranken Organ orientiert sind oder an der Person des Kranken. Auch wird die Beziehung zwischen den einzelnen Teilnehmern, die Form ihrer Zusammenarbeit bei dieser Gelegenheit immer aufs neue geprobt. Daher läßt sich sagen, daß sich *der Stil des Krankenhauses in der Visite* nicht nur spiegelt, sondern daß er hier *weitgehend geformt* wird."[107]

Die Problematik der Visite besteht darin, dass die einzelnen Gruppen, die an der Visite teilnehmen sehr unterschiedliche Erwartungen bzgl. ihres Ablaufs haben. So möchte der Arzt sich über den momentanen Zustand des Patienten informieren, um den Verlauf der Krankheit einzuschätzen und die Medikation zu überprüfen. Durch gezielte Befragung und Untersuchung des Patienten sowie eine Analyse der bereits vorhandenen schriftlichen Befunde macht er sich ein Bild vom momentanen Zustand des Patienten. Gleichzeitig bespricht er seine neu gewonnenen Erkenntnisse und Vermutungen mit Kollegen bzw. gibt dem Pflegepersonal Anweisungen, die weitere

---

[106] Brockhaus (1994:378)
[107] Pfeiffer (1986:20)
M. E. ist das etwas zu weit gefasst. Ich denke aber schon, dass sich in der Visite durchaus der Stil der Station wiederspiegelt.

Behandlung des Patienten, betreffend. Der Patient interessiert ihn zu diesem Zeitpunkt nur hinsichtlich der Befolgung seiner angeordneten Maßnahmen. So betrachtet, ergibt sich bei der Visite zwischen Arzt und Patient eine ähnliche Situation, wie vor Gericht zwischen einem Zeugen und einem Staatsanwalt, wenn der Staatsanwalt ausdrücklich darauf hinweist, dass der Zeuge doch bitte ausschließlich auf seine Fragen antworten möge. Der Patient hingegen möchte nicht in ein vorgefertigtes Schema eingepasst werden, sondern er will seine Individualität herausstellen und teilt dem Arzt mehr mit, als dieser hören möchte. Der Arzt unterbricht den Patienten zwar nicht unbedingt ausdrücklich, aber er entzieht ihm seine Aufmerksamkeit, wodurch dem Arzt eventuell wichtige Informationen entgehen können.

> "Der Arzt, bei dem vorgefaßte theoretische Überlegungen die minutiöse individuelle klinische Beobachtung überschatten, ist in Gefahr, unauffällige, aber signifikante Ereignisse in der Konsultation zu übersehen, nicht im Gedächtnis zu behalten oder nicht für die Therapie zu benützen."[108]

Der Patient hingegen erwartet von der Visite, dass der Arzt ihn über seinen aktuellen Gesundheitszustand informiert, dass er ihm erklärt, wie die weitere Behandlung verlaufen soll und wann er das Krankenhaus wieder verlassen kann.

Während die Visite für Ärzte, Schwestern, usw. eine Routinehandlung darstellt, ist sie für den Patienten ein zwar täglich wiederkehrendes, aber ansonsten immer wieder neues Ereignis, das seine weitere Zukunft im Krankenhaus, aber auch zu Hause bestimmen kann.

> "Die Stationsvisite kann laut Raspe und Nordmeyer als "die zentrale, sich täglich zuverlässig wiederholende gemeinsame Situation von Arzt und Patient" angesehen werden. Somit ist sie "die einzige regelmäßige, im Tagesablauf ... (der Station) fest verankerte Gesprächsgelegenheit zwischen Arzt und Patient" und kann "als repräsentativ für die Arzt-Patient-Beziehung im Krankenhaus angesehen werden" und ist "für beide Teile von jeweils hoher, aber sehr unterschiedlicher Bedeutung"."[109]

Die Visite muss aber noch unter einem anderen Gesichtspunkt betrachtet werden. Sie dient als Lehrveranstaltung für z.B. zukünftige Ärzte, Schwesternschülerinnen oder Pflegeschüler. Sowohl der Chefarzt als auch die Oberschwester verschaffen sich durch die Visite einen Überblick über das Zusammenwirken der Ärzte und Schwestern auf einer Station.

Alles in allem verfolgt die Visite also ganz unterschiedliche Zwecke, die nicht immer in Einklang zu bringen sind. Während der Patient auf ein paar ermutigende bzw. einfach nur freundliche Worte hofft, will der Arzt die tägliche Routine so schnell wie

---

[108] Luban-Plozza/Knaak (1982:88)
[109] Ott (1996:3)

möglich hinter sich bringen. Dadurch gestaltet sich auch das Visitengespräch besonders schwierig, denn während der Patient erwartet, dass der Arzt ihm - dem Patienten - als Person seine Aufmerksamkeit schenkt, widmet der Arzt sich dem Patienten mehr als Fall, bzw. als wissenschaftlichem Objekt. Das bedeutet außerdem, dass der Arzt in relativ kurzer Zeit mit vielen verschiedenen Personen sprechen muss. Er berät sich mit Kollegen, holt bei der Schwester Erkundigungen ein und gibt ihr eventuell Anweisungen. Dem Patienten stellt er gezielt Fragen, auf die er eine klare Antwort bekommen möchte. Während der Arzt versucht, mit dem Patienten in einer 'normalen' Sprache zu sprechen, benutzt er im Gespräch mit Kollegen und Pflegepersonal Fachsprache. Der Patient fühlt sich dadurch nicht nur ausgeschlossen, sondern er kann auch Gesagtes missverstehen, denn da es ihn betrifft, hört er selbstverständlich weiterhin zu.

"Die sprachliche Kommunikation kommt natürlich zum Erliegen, falls sich der Arzt nicht um eine gemeinsame Sprache mit dem Patienten, dem das Medizinerlatein ja fremd ist, bemüht. Wenn der Stationsarzt einen Patienten vorstellt, läuft die gesamte Unterhaltung in einer für den Hauptbeteiligten unverständlichen Sprache ab. Der liegt dabei still, ehrfürchtig und mehr oder weniger gespannt im Bett und versucht, etwas aufzuschnappen; häufig versteht er überhaupt nichts oder, was noch schlimmer ist, etwas Falsches."[110]

3.1 Das Arzt-Patient-Gespräch während der Stationsvisite

Nachdem die Bedeutung des Gesprächs zwischen Arzt und Patient bereits mehrfach erwähnt wurde, soll in diesem Abschnitt die Besonderheit des Arzt-Patient-Gesprächs während der Stationsvisite beschrieben werden.

Im Gegensatz zum Gespräch in der Arzt-Praxis wird dem Patienten bei der Stationsvisite noch weniger Zeit eingeräumt, um dem Arzt etwas mitzuteilen.

„Die meisten Kranken haben aber für ihre Fragen an den Arzt nur eine Gelegenheit, nämlich bei der täglichen Visite. Der Arzt aber hat an dieser Visite sein eigenes Interesse: sich informieren zu lassen über den klinischen Verlauf der Krankheit, eventuell neue therapeutische Maßnahmen anzusetzen usw. Wenn der Kranke dann – meistens auch noch ein wenig nervös – fragt, wie es um ihn steht, bekommt er in sehr vielen Fällen nur eine klinische Information oder eine Auskunft über einen Befund. Aus Gründen des Zeitdrucks und aus anderen Gründen überläßt der Arzt meistens dem Kranken die Übersetzung dieser Information: was die Information existentiell für ihn bedeutet. Oft steht die Schwester nach der Visite vor der Aufgabe, alles noch einmal zu wiederholen, weil der Kranke die Aussagen des Arztes nicht verstanden hat."[111]

Ein weiteres Problem kommt hinzu, denn egal ob Arzt-Praxis oder Stationsvisite im Krankenhaus:

---
[110] Luban-Plozza/Knaak (1982:110)
[111] Sporken (1979:36)

> "Der Patient hängt nicht so sehr an dem, was wir ihm sagen, als an dem, was er uns sagen will. Sechsundfünfzig Prozent von dem, was der Arzt in der Praxis spricht, haben die Patienten vergessen, bevor sie zu Hause sind. Der Patient spürt aber die Gefühle des Arztes. Hat er Eile oder Weile oder gar Langeweile?"[112]

Der Patient möchte ernst genommen, er möchte verstanden werden. Dieses Ziel ist nicht durch Bevormundung seitens des Arztes zu erreichen. Dadurch entsteht vielmehr eine Beziehung auf der Basis *Eltern-Ich – Kind-Ich*[113] Es ist also gar nicht so entscheidend, wie viel Zeit der Arzt sich bei der Visite für ein Gespräch mit dem Patienten nimmt, sondern wie er diese Zeit nutzt und wie er das Gespräch gestaltet.

> "Äußere Begebenheiten sind wichtig, aber ausschlaggebend ist und bleibt das Verhältnis zwischen Arzt und Patient. Die Vorbedingung zur echten Kommunikation ist das Suchen nach einer beiden gemeinsamen Sprache."[114]

Für dieses *Suchen* ist in erster Linie der Arzt zuständig, da Gesprächsinitiativen hauptsächlich bei ihm liegen. Die Patienten reagieren häufig nur auf Impulse, die vom Arzt ausgehen. Gleiches gilt im Übrigen auch für das Pflegepersonal. Dies sollte dem Arzt bewusst sein, bevor er ein Gespräch mit dem Patienten beginnt.

> "Nicht selten ist die Visite soweit verkümmert, daß der Arzt im Zwiegespräch mit der Kurve seine Anordnungen trifft, welche die Schwester schweigend in ihren Block einträgt. Hier läßt sich nur mehr von einer >>arzt- und laborzentrierten<< Visite sprechen, bei der der Patient als Person außer acht bleibt. Damit aber werden die großen Möglichkeiten vertan, die eigentlich in der Visite liegen."[115]

Sobald die Ärzte in Anwesenheit des Patienten ein Fachgespräch führen, nehmen sie dem Patienten damit die Möglichkeit der Beteiligung, denn es erfordert ein enormes Durchsetzungsvermögen, um sich in ein solches Gespräch einzumischen. Genau hier liegt das Problem: Der Patient vermutet, dass der Arzt sein Verhalten als 'Einmischung' empfinden würde und da er durch seine Krankheit bzw. allgemein durch seine Ängste, die der Krankenhausaufenthalt bei ihm auslöst, nicht auch noch eine Zurückweisung durch den Arzt erfahren möchte, unterlässt er es, den Arzt anzusprechen bzw. auf etwas hinzuweisen, was er eigentlich gerne äußern würde.

> "Der Fachjargon kürzt nur den Informationsaustausch unter Fachkollegen ab; für den Umgang mit den Patienten wie auch für den menschlichen Umgang im allgemeinen ist er untauglich."[116]

---

[112] Luban-Plozza/Knaak (1982:181)
[113] s. Abschnitt 2.2.1.3
[114] Luban-Plozza/Knaak (1982:96)
[115] Pfeiffer (1986:22)
[116] Luban-Plozza/Knaak (1982:111)

3.2 Die Visite auf einer internistischen Station des Klinikums der TU Dresden

Vor der Visite findet an jedem Morgen eine Vorbesprechung im Zimmer des Stationsarztes statt. Die behandelnden Ärzte berichten über ihre jeweiligen Patienten. Dabei wird sowohl der momentane Zustand des Patienten berücksichtigt als auch jegliche Veränderungen sowohl positiver als auch negativer Art seit seiner stationären Aufnahme. Durchgeführte Untersuchungen samt Ergebnis, sofern bereits vorhanden, als auch geplante Untersuchungen werden erwähnt und falls erforderlich miteinander diskutiert.

Nachdem über alle Patienten berichtet wurde und die grundsätzlichen weiteren Behandlungsschritte festgelegt wurden, beginnt die Stationsvisite. Wie viele Ärzte an der Visite teilnehmen hängt davon ab, in wie weit sie noch mit anderen Dingen beschäftigt sind. An jeder Visite nimmt mindestens eine Schwester teil, wenn möglich die Stationsschwester. Die Visite verläuft – abgesehen von der Chefvisite – prinzipiell immer gleich. Vor der Tür eines jeden Patientenzimmers wirft der Stationsarzt schnell einen Blick auf die neuesten Daten der Patienten. Wenn nötig bespricht er sich noch kurz mit seinen Kollegen und mit der Krankenschwester. Anschließend öffnet er nach einem kurzen Anklopfen die Tür, betritt als erster das Zimmer, gefolgt von allen übrigen "Teilnehmern". Meistens gibt er den Patienten zur Begrüßung die Hand, und er stellt sich immer so ans Bett, dass er direkten Augenkontakt zum Patienten halten kann. Die Patientenunterlagen hält er unter dem Arm. Gelegentlich wirft er schon einmal einen Blick auf ein Untersuchungsergebnis, allerdings nur um Ergebnisse gleichartiger Untersuchungen miteinander zu vergleichen, um zu überprüfen, wie der Verlauf der Behandlung ist.

Der Stationsarzt übernimmt die Gesprächsführung und fordert die Patienten auf, ihm mitzuteilen, was sie bzgl. ihrer Krankheit bzw. deren Verlaufs bewegt. Patienten, die dieser Aufforderung nicht nachkommen, stellt er gezielt Fragen, um notwendige Informationen zu erhalten. Patienten deren Informationsbedarf im Rahmen der Visite nicht gestillt werden kann, bietet er an, sie nach der Visite noch einmal aufzusuchen, um eventuelle Fragen zu klären bzw. Einzelheiten des weiteren Behandlungsverlaufs mit ihnen zu besprechen.

3.2.1 Der Verlauf der Stationsvisite

Am 24.08.98 werden 15 Patienten (8 Frauen, 7 Männer) stationär behandelt. Nach kurzem Anklopfen öffnet der Stationsarzt grundsätzlich bei jedem Zimmer selbst die Tür und betritt das Zimmer als erster. Danach folgen eine Assistenzärztin, eine PJ'lerin[117], ich und abschließend eine Krankenschwester. Der Stationsarzt übernimmt bei allen Patienten die Gesprächsführung.

Patientin 1 scheint sich grundsätzlich nicht dafür zu interessieren, was der Arzt bzw. die Ärzte sagen. Sie fragt zwar nach bestimmten Dingen, scheint aber ihre eigene festgefahrene Meinung zu allem zu haben. Sie ist absolut auf sich fixiert und sucht nur jemanden, der ihr zuhört, egal um wen es sich dabei handelt. Sobald sie Blickkontakt aufgenommen hat, gibt es kein Entrinnen mehr. Trotzdem bleibt der Stationsarzt ruhig und beherrscht. Die Patientin scheint jegliches "turn-taking" zu ignorieren. Der Stationsarzt muss das Gespräch schließlich abbrechen.

Patientin 2 ist eher ruhig. Sie muss vom Arzt zum Sprechen aufgefordert werden. Die Patientin scheint alles über sich ergehen zu lassen. Sie ist eher einsilbig und hört sich die Entscheidungen des Arztes an. Die einzige Frage, die sie stellt, ist die nach einem Entlassungstermin, den der Arzt ihr aber noch nicht nennen kann.

Patientin 1 "holt" die Ärzte noch einmal an ihr Bett zurück und verwickelt sie erneut in ein Gespräch.

Patient 3 und *Patient 4* sind zu einem Dialog mit dem Arzt bereit. Sie stellen Fragen, die ihnen der Arzt auch bereitwillig beantwortet. Die Atmosphäre ist entspannt.

Patient 5 wirkt ein wenig ängstlich. Er muss vom Arzt zum Sprechen ermutigt werden. Er stellt keine Fragen, sondern hört sich die Ausführungen des Arztes an.

Patientin 6 wirkt recht locker, weist jedoch den Versuch des Arztes, ihr einen zusätzlichen Obsttag zu verordnen, entschieden zurück. Der Arzt unternimmt daraufhin keinen zweiten Versuch.

Der Stationsarzt fragt *Patientin 7* nach ihrem Zuckerwert, was diese scheinbar etwas unvorbereitet trifft, denn ihr fällt der Wert nicht sofort ein. Sie schaut sich ein wenig hilflos um, wohl in der Hoffnung, dass die Schwester oder eine der beiden Ärztinnen den Wert wüssten. Der Arzt bemerkt die Unsicherheit und macht der Patientin klar, dass es im Moment nicht so wichtig sei, und er den Wert nachher schon noch aus den Unterlagen erfahren würde. Daraufhin beruhigt sich die Patientin wieder und plötzlich fällt ihr auch der Zuckerwert wieder ein.

Um *Patientin 8* kümmert sich Dr. K. besonders fürsorglich. Er ist sich wohl bewusst, dass die Patientin sich in der Krankenhausumgebung sehr unwohl fühlt. Sie lebt normaler Weise im Pflegeheim und möchte so schnell wie möglich dorthin zurück. Der Arzt macht der Patientin Mut.

Patient 9 scheint sich sehr unsicher zu fühlen. Er spricht den Stationsarzt mit "Herr Professor" an, woraufhin dieser ihn gleich abwehrend auf den Irrtum hinweist. Obwohl der Arzt den Patienten dazu ermutigt, mit ihm zu sprechen, ist dieser viel zu aufgeregt, um einen konstruktiven Beitrag zu diesem Gespräch zu leisten. Der Patient wirkt ängstlich, eingeschüchtert, beinahe ehrfurchtsvoll. Er zeigt das klassische Verhalten eines Patienten gegenüber einem "Halbgott in weiß".

Patient 10 ist von der Entscheidung über seine zukünftige medikamentöse Behandlung nicht besonders angetan, lehnt sich aber auch nicht gegen die Anordnung auf. Er stellt keine Fragen, sondern nimmt still und scheinbar heimlich grollend alles hin, was der Arzt sagt.

Patient 11 scheint selbst sehr verzweifelt über seine Situation zu sein. Er ist bereit, alles zu tun, was der Arzt sagt, wohl in der Hoffnung, dass dieser dann eher bereit ist, ihm zu glauben, dass er trotz Diät nicht abnimmt. Der Arzt bringt dem Patienten sehr viel Verständnis entgegen und ordnet einen Test an, um zu ergründen, warum der Patient trotz verschiedener Maßnahmen nicht abnimmt.

Patient 12 wirkt angriffslustig. Da er sich wohlfühlt, möchte er noch heute entlassen werden. Der Stationsarzt weist ihn darauf hin, dass es seiner Meinung nach kein Problem sei, der Chefarzt ihn jedoch gerne noch einen Tag auf der Station behalten würde. Der Patient zeigt daraufhin Verständnis für den Stationsarzt, ärgert sich dafür jetzt aber über den Chefarzt.

Patientin 13 ist während der Visite nicht anwesend.

Patientin 14 hört dem Arzt hauptsächlich zu, ansonsten gibt es keine Besonderheiten.

Patientin 15 macht sich selbst so ihre Gedanken um ihren Gesundheitszustand und spricht den Arzt auf bestimmte Symptome an, auf die dieser auch sofort eingeht.

Grundsätzlich bleibt festzuhalten, dass am Dresdener Klinikum die Schwester immer im Hintergrund bleibt. Es finden kaum Gespräche zwischen den Ärzten statt. Der Stationsarzt widmet seine Aufmerksamkeit nahezu ausschließlich den Patienten. Die Schwester fühlt sich durch meine Anwesenheit scheinbar nicht besonders wohl. Meine Aufzeichnungen sind ihr nicht ganz geheuer. Die Schwester trägt einen blauen

---

[117] Die Abkürzung 'PJ' steht für Arzt im praktischen Jahr. Dieses praktische Jahr findet während des Studiums statt.

Kittel, der Stationsarzt (Leverkusen) und die Assistenzärztin (West-Berlin) tragen ihre Kittel offen, die PJ'lerin aus dem Osten trägt den Kittel geschlossen. Obwohl der Stationsarzt bei der Besprechung vor der Visite Meinungsaustausch zu wünschen scheint, werden seine Entscheidungen akzeptiert, selbst als die Assistenzärztin anderer Meinung bzgl. des Patienten mit dem starken Übergewicht ist, zweifelt sie die Entscheidung des Stationsarztes nicht ernsthaft an. Sie nötigt ihn jedoch in gewisser Weise dazu, ihr seine Erfahrungen und Kenntnisse auf diesem speziellen Gebiet noch einmal darzulegen.

Am 25.08.98 werden 15 Patienten (8 Frauen, 7 Männer) stationär behandelt.
Der Chefarzt öffnet ohne anzuklopfen überall selbst die Tür und betritt als erster den Raum. Ihm folgen der Stationsarzt, der Oberarzt, die Assistenzärztin, AiP's[118] und PJ'ler. Den Schluss bildet die Schwester, die nach mir den Raum betritt. Chefarzt, Oberarzt, AiP (Ost) tragen ihre Kittel geschlossen. Eine Assistenzärztin trägt den Kittel halb zugeknöpft, die andere Assistenzärztin trägt den Kittel, ebenso wie der Stationsarzt und eine weitere AiP (West), offen. Mit mir nehmen im Laufe der Visite insgesamt 9 Personen teil. Der Chefarzt stellt sich weder vor, noch wird er vorgestellt. Bevor die Ärzte das Patientenzimmer betreten, möchte der Chefarzt über die jeweils im Zimmer befindlichen Patienten vom zuständigen Arzt informiert werden. In den meisten Fällen lässt er sich vom Stationsarzt über die Beschwerden des Patienten, den Grund der Aufnahme und die Art der Behandlung aufklären und erkundigt sich anschließend, wie er gedenkt, die Behandlung fortzusetzen. Wie es scheint, versucht der Chefarzt dabei häufig, zusätzliche Untersuchungen als notwendig zu verkaufen, um damit seine Position als Chefarzt zu demonstrieren. Er spricht öfter davon, welche Möglichkeiten der Untersuchung man noch ausschöpfen könne und solle. Er scheint ziemlich eindeutig die Gerätemedizin in den Vordergrund zu stellen. Bei mir entsteht der Eindruck, dass er nur dann Auskunft vom Patienten erhalten möchte, wenn es sich nicht vermeiden lässt. Ansonsten wird wesentlich mehr über die Patienten als mit ihnen geredet. Die meisten Patienten scheinen sich ohnehin durch die "Menge" an Ärzten eher gehemmt zu fühlen. Bei einigen Patienten macht sich der Chefarzt durch eigene Untersuchungen ein genaueres Bild von der Krankheit, bzw. deren Verlauf.

---

[118] Die Abkürzung 'AiP' steht für Arzt im Praktikum. Nach dem Studium und den bestandenen Prüfungen erhalten Ärzte eine vorläufige Berufserlaubnis. Nach einer anschließenden Praktikumszeit von zwei Jahren wird dann die endgültige Approbation erteilt.

Patientin 1 ist 91 Jahre alt und führt einen Dialog mit dem Chefarzt.
Patientin 2 wirkt ziemlich eingeschüchtert, vermutlich durch die große Anzahl der im Raum befindlichen Personen.
Patient 3 wirkt zwar nicht eingeschüchtert, muss aber vom Chefarzt zum Sprechen ermutigt werden, da er vermutlich noch unter Schock steht, wegen der Vorkommnisse *Patient 5* betreffend. Der Chefarzt verhält sich wie einige Fernsehreporter: Er stellt eine Frage, doch während der Patient noch antwortet, spricht der Chefarzt bereits wieder mit dem Stationsarzt über die Behandlung des Patienten.
Patient 4 verhält sich ähnlich wie *Patientin 1*. Auch er führt einen Dialog mit dem Chefarzt.
Patient 5 hatte kurz vor der Visite einen Herzinfarkt und wurde nach erfolgreicher Reanimation durch den Stationsarzt auf die Intensivstation verlegt.
Bevor die "Gruppe" das nächste Zimmer betritt, macht der Chefarzt durch verschiedene Äußerungen klar, dass er sich für den Kompetentesten aller Anwesenden hält, auch wenn er gelegentlich schon einmal andere Meinungen als seine eigene gelten lässt. Dies allerdings immer ein wenig gönnerhaft. Die Einzigen, die sich davon absolut unbeeindruckt zeigen sind der Oberarzt und der Stationsarzt. Sie sind sich ihrer Fähigkeiten bewusst und gehen über gelegentliche Belehrungsversuche geflissentlich hinweg. Der Chefarzt weist die Assistenzärztin in Anwesenheit aller darauf hin, dass sie in der Lage sein muss, innerhalb von drei bis vier Minuten eine genaue Beschreibung eines Patienten und seiner Behandlung geben zu können. Dieses gelte ebenso für die AiP's. Der Satz: "Hier sollen alle etwas lernen!", klingt für mich recht arrogant und überheblich. Der Chefarzt tritt in dieser Situation als großer 'Schulmeister' auf. Nachdem er allen seine Position deutlich gemacht hat, führt er die eigentliche Visite fort.
Patientin 6 lässt alles über sich ergehen. Der Chefarzt unternimmt gar nicht erst den Versuch, mit der Patientin zu sprechen. Der Chefarzt weist AiP zur Untersuchung an und möchte dann das Ergebnis erfahren.
Patientin 7 scheint etwas verwirrt, bis der Stationsarzt ihr erklärt, was sie tun soll, damit der Chefarzt sie untersuchen kann. Die Patientin wirkt etwas verängstigt und kann scheinbar nicht nachvollziehen, was mit ihr geschieht. Sie stellt überhaupt keine Fragen, sondern folgt nur den Anweisungen des Chef- bzw. Stationsarztes. Außerdem beantwortet sie die Fragen des Chefarztes so kurz und präzise wie möglich.
Bei *Patientin 8* gibt es keine besonderen Vorkommnisse, dennoch dauert die Visite hier relativ lange. Beim Gespräch vor dem nächsten Patientenzimmer macht die As-

sistenzärztin dem Chefarzt ganz vorsichtig Vorschläge zur Behandlung eines Patienten. Der Stationsarzt macht hingegen ohne Umschweife deutlich, dass *Patient 9* noch heute entlassen werden sollte, da er keinen Sinn darin sehe, diesen Patienten noch länger festzuhalten. Chefarzt schließt sich der Meinung an, nachdem er sich über den aktuellen Zustand des Patienten hat aufklären lassen. Zur Disziplin des *Patienten 11* befragt der Chefarzt die Schwester, da sie den Patienten am besten kennt. Nachdem er ihre Beurteilung gehört hat, entschließt er sich dazu, den Patienten nicht auf Insulin zu setzen, da er bei dessen ordnungsgemäßer Anwendung vermutlich nicht genügend Disziplin aufbringen würde.

Patient 9 erfährt vom Chefarzt als erstes, dass er heute nach Hause darf, woraufhin er am liebsten sofort das Zimmer verlassen würde. Der "Chef"-arzt beeindruckt ihn nicht. Er ist für ihn eben nur der Arzt, der über seine Entlassung bestimmt.

Patient 10 gibt dem Chefarzt Auskunft, nachdem dieser ihn zum Sprechen ermutigt hat. Er antwortet jedoch nur auf Fragen, die ihm der Chefarzt stellt. Keine Eigeninitiative erkennbar.

Patient 11 erfährt vom Chefarzt, dass er es selbst in der Hand hat, seinen Zustand so konstant zu halten, wie er jetzt in der Klinik ist. Er müsse allerdings seine Essgewohnheiten ändern. Insulin sei zumindest im Moment nicht nötig, da es sich nicht um ein Problem der Bauchspeicheldrüse handle. Bei *Patient 11* ergibt sich erstmals die Situation, dass er die Fragen des Chefarztes zwar beantwortet, sich anschließend aber mit eigenen Fragen an den Stationsarzt wendet. Dieser beantwortet die Fragen, woraufhin sich der Chefarzt noch einmal zu Wort meldet. Der Patient sucht aber weiterhin das Gespräch mit dem Stationsarzt. Zum Schluss spricht er dann aber mit beiden Ärzten.

Bei *Patient 12* will der Chefarzt die Visite gerade beenden, als dieser ihm noch eine Frage stellt und ihn damit indirekt zwingt, sich sein Bein anzusehen. Er möchte eine klare Antwort bezüglich der Behandlung, die ihm der Chefarzt daraufhin auch gibt.

Bei *Patientin 13* verläuft die Visite im "Eilverfahren". Es gibt nichts neues zu besprechen.

Bei *Patientin 14* beteiligt sich der Oberarzt ausnahmsweise am Gespräch und stellt der Patientin konkrete Fragen, die diese ihm auch beantwortet. Die Patientin wendet sich ansonsten dem Chefarzt zu.

Patientin 15 ist nicht anwesend.

Die Chefvisite dauert wesentlich länger als die "normale" Stationsvisite, weil der Chefarzt sich durch den Stationsarzt über die einzelnen Patienten aufklären lassen muss. Es finden viele Gespräche zwischen den Ärzten am Bett des Patienten statt. Fast alle Patienten suchen Blickkontakt zum Stationsarzt. Wenn er merkt, dass Patienten verunsichert reagieren, geht er meistens sofort darauf ein bzw. teilt ihnen mit, dass er sie nach der Visite noch einmal aufsuchen wird, um ihnen zu erklären, welche Behandlungsmaßnahmen gerade besprochen worden sind.

Am 26.08.98 werden 15 Patienten (8 Frauen, 7 Männer) stationär behandelt
Patientin 1 sieht den Arzt beim Gespräch kaum an, was dieser bemerkt. Er bemüht sich verstärkt, auf die Patientin einzugehen. Als die Patientin eine Frage des Arztes nicht versteht, fragt sie noch einmal nach.
Patientin 2 wirkt etwas aufgeregt. Der Arzt versucht sie zu beruhigen. Die Patientin stimmt dem Arzt grundsätzlich bei allem was er sagt zu.
Patient 3 geht auf das Gesprächsangebot des Arztes ein und macht sogar Scherze über seine momentane Situation. Die Atmosphäre ist sehr angenehm.
Bei *Patient 4* gibt es keine Besonderheiten.
Patient 5 erhält durch den Arzt genaue Erklärungen bzgl. seiner Erkrankung und deren Behandlung. Dabei benutzt der Arzt zwar Fachbegriffe, übersetzt dem Patienten diese aber umgehend, so dass es keine Verständigungsprobleme gibt.
Patientin 6 ist ziemlich unglücklich über ihren derzeitigen Gesundheitszustand. Der Arzt macht ihr Hoffnung auf Besserung, indem er ihr sagt: "Wir kriegen das hin." Die Patientin sieht den Arzt während des gesamten Gesprächs an, stellt ihm konkrete Fragen, die er auch ohne auszuweichen sofort beantwortet.
Patientin 7 wirkt verschüchtert. Während der Arzt die Patientin ansieht, hält diese den Blick meistens gesenkt. Trotzdem kommt es zu einem Dialog, nachdem der Arzt die Patientin dazu ermuntert hat, ihm mitzuteilen, was sie bedrückt.
Patientin 8 ist Heimbewohnerin und nicht dazu in der Lage sich mit dem Arzt zu unterhalten. Trotzdem richtet der Arzt ein paar aufmunternde Worte an die Patientin.
Patient 9 scheint immer noch zu ängstlich und zu aufgeregt, um irgend etwas von dem zu verstehen, was der Arzt ihm in ganz ruhigem Ton versucht zu erklären. Er spricht mit dem Patienten außerdem wesentlich langsamer als mit den übrigen Patienten.
Patient 10 ist nicht anwesend.
Patient 11 scheint besonders stark an Informationen interessiert zu sein und stellt mehr Fragen als die übrigen Patienten. Der Arzt weicht keiner dieser Fragen aus, sondern gibt ganz klare Antworten.

Patient 12 ist neu aufgenommen worden und überreicht dem Stationsarzt als erstes einen Brief des einweisenden Arztes. Der Stationsarzt liest den Brief daraufhin durch und erklärt dem Patienten anschließend die geplante Behandlung und wie lange diese in etwa dauern wird. Der Patient muss sich noch in die fremde Situation einfinden und stellt keine Fragen.

Patientin 13 möchte endlich nach Hause und versucht den Arzt davon zu überzeugen, sie am nächsten Tag zu entlassen. Dieser lässt sich aber nicht überreden. Er sichert ihr jedoch zu, dass sie am Freitag das Krankenhaus verlassen darf. Die Patientin akzeptiert die Entscheidung des Arztes und drängt ihn nicht weiter.

Patientin 14 versteht nicht alles, was der Arzt ihr erklärt. Er bemüht sich daraufhin, in ruhigen Worten alles noch einmal, aber nun wesentlich ausführlicher zu beschreiben. Die Patientin stellt Fragen, die der Arzt ohne Umschweife beantwortet.

Bei *Patientin 15* fällt auf, dass sie den Stationsarzt nicht nur mit "Herr Doktor" anspricht, sondern ihn mit "Guten Morgen, Herr Dr. K." begrüßt. Außerdem stellt sie gezielt Fragen zu einem Medikament, das ihr verordnet wurde. Der Stationsarzt beantwortet all ihre Fragen und die Patientin wirkt zufrieden.

Am 27.08.98 werden 15 Patienten (8 Frauen, 7 Männer) stationär behandelt

Patientin 1 wird vom Stationsarzt untersucht. Sie wird vom Arzt zum Sprechen ermutigt, stellt aber keine konkreten Fragen.

Bei *Patientin 2* fällt dem Stationsarzt auf, dass der "Tropf" schlecht eingestellt ist und so reguliert er diesen erst, bevor er mit der Patientin spricht. Ansonsten keine besonderen Vorkommnisse.

Patient 3 möchte vom Stationsarzt über die Medikamente informiert werden, die er einnehmen muss. Der Arzt erklärt ihm dann ganz genau, wogegen er welche Medikamente verordnet hat und wie diese wirken.

Patient 4 wird vom Stationsarzt begrüßt und darauf hingewiesen, dass es nichts neues gibt. Da der Patient keine Fragen hat, ist das Gespräch damit auch sofort wieder beendet.

Patient 5 führt einen Dialog mit dem Stationsarzt. Er hat einige Fragen zu seinen bisherigen Untersuchungsergebnissen und zum weiteren Verlauf seiner Behandlung. Der Arzt teilt ihm - nach einem Blick in die Unterlagen – genaue Werte der Untersuchungen mit und erklärt dem Patienten dann, was er weiterhin für ihn geplant hat.

Bevor die Visitenteilnehmer das nächste Zimmer betreten, erkundigt der Arzt sich bei der Schwester, ob sie eine Erklärung für die schwankenden Zuckerwerte der *Patien-*

tin 7 hat. Die Schwester teilt dem Arzt daraufhin mit, dass sie den Eindruck habe, die Patientin habe Probleme mit dem Spritzen des Insulins.

Nachdem es bei *Patientin 6* nichts besonderes zu besprechen gibt, wendet der Stationsarzt sich *Patientin 7* zu. Sie hatte einen Schlaganfall und bei den anschließenden Untersuchungen hatte sich herausgestellt, dass sie außerdem an Diabetes erkrankt ist. Durch den Schlaganfall hat die Patientin Schwierigkeiten, sich auf bestimmte Dinge zu konzentrieren, was sie selbst merkt, und wofür sie sich scheinbar schämt. Die Patientin ist bei der Begrüßung durch den Stationsarzt sehr nervös und wirkt ein bisschen ängstlich. Der Arzt spricht ruhig auf sie ein und teilt ihr mit, dass er mit ihren Zuckerwerten noch nicht so ganz zufrieden sei. Er sei sich aber sicher, dass sie dass schon in den Griff bekommen würden. Dann fragt er die Patientin, ob sie vielleicht noch Fragen bzgl. des Spritzens des Insulins habe, das sei anfangs schließlich gar nicht so einfach zu handhaben. Er fragt sie nach der Tabelle, die sie von ihm zu Beginn der Behandlung bekommen hat. Die Patientin reicht ihm diese Tabelle, weicht aber dem Blick des Arztes immer wieder aus. Der Stationsarzt erklärt ihr noch einmal in aller Ruhe, wie sie anhand der Tabelle erkennen kann, wie viel Insulin sie nach dem Genuss bestimmter Nahrungsmittel spritzen muss. Um zu testen, ob die Patientin das Prinzip nun auch genau verstanden hat, kündigt er ein kleines "Ratespiel" an. Er behauptet, dass er dieses Spiel mit allen Patienten machen würde, um zu sehen, ob sie seine Erklärungen verstanden hätten.[119] Anfangs ist die Patientin noch immer zu nervös, um sich zu konzentrieren, doch als sie merkt, dass der Arzt nicht aufgibt und weiterhin ganz ruhig bleibt, kommt sie plötzlich ohne Hilfe mit der Tabelle klar. Der Arzt lobt die Anstrengungen der Patientin und diese scheint nun stolz auf sich zu sein und wirkt wesentlich ruhiger als zu Beginn des Gesprächs.

Der Stationsarzt begrüßt *Patient 8* und sagt zu ihr: "Wir können Sie bald entlassen." Daraufhin fragt die Patientin: "Heute?" Der Arzt muss lächeln und teilt der Patientin mit, dass sie heute noch nicht entlassen werden könne, dass sie aber nicht mehr all zu lange bleiben müsse. Zum ersten Mal ist zu erkennen, dass die Patientin durchaus mitbekommt, was um sie herum vorgeht, sie jedoch meistens zu schwach zum Sprechen ist, um darauf zu reagieren. Im Gegensatz zum Chefarzt, bemüht der Stationsarzt sich jedoch bei jedem Kontakt mit der Patientin, herauszufinden, ob sie irgendwelche Wünsche hat, bzw. ob es ihr den Umständen entsprechend gut geht.

---

[119] Ich selbst habe es nur dieses eine Mal erlebt, dass der Stationsarzt ein solches "Ratespiel" veranstaltet hat. Mir schien es, als würde er damit vermeiden wollen, dass sich die Patientin sehr dumm vorkommt.

Patient 9 redet den Stationsarzt wieder mit "Herr Professor" an. Dieser ignoriert das inzwischen, weil er merkt, dass der Aufenthalt im Krankenhaus auf den Patienten dermaßen angsteinflößend wirkt, dass es keinen Sinn hätte, ihn erneut auf den Irrtum aufmerksam zu machen. Der Patient stellt keine Fragen an den Arzt. Er versucht sich auf das zu konzentrieren, was der Arzt ihm sagt.

Patient 10 bleibt im Gegensatz zu fast allen anderen Patienten bei dem Gespräch mit dem Arzt auf seinem Bett sitzen.[120] Der Patient scheint momentan keine Fragen an den Arzt zu haben. Dieser teilt ihm Untersuchungsergebnisse mit und klärt ihn über noch anstehende Untersuchungen auf. Der Patient hört sehr aufmerksam und interessiert zu.

Patient 11 hat einige Fragen an den Arzt. Dabei fällt auf, dass dieser nie nur mit "ja" bzw. "nein" antwortet, sondern immer genaue Erklärungen dazu abgibt.

Bei *Patient 12* gibt es keine Besonderheiten.

Patientin 13 scheint es recht gut zu gehen. Neben einigen ernsthaften Fragen, die sie an den Arzt richtet, und die dieser ihr auch umgehend beantwortet, scherzt sie mit den Anwesenden.

Patientin 14 wird vom Stationsarzt begrüßt. Nachdem es von seiner Seite nichts Neues zu besprechen gibt, und sie ihrerseits keine Fragen an ihn hat, wendet er sich der nächsten Patientin zu.

Patientin 15 freut sich auf ihre bevorstehende Entlassung und erzählt dem Stationsarzt von ihrem Zuhause. Sie macht ihn darauf aufmerksam, dass er ihr noch einen "Falitron-Pass" aushändigen wollte. Der Arzt erinnert sich daran, dass er diesen Pass in die Unterlagen der Patientin gelegt hat und überreicht ihn ihr daraufhin.

Am 28.08.98 werden 15 Patienten (8 Frauen, 7 Männer) stationär behandelt

Der Stationsarzt erklärt *Patientin 1*, wie ihre Medikation nach ihrer Entlassung aussehen wir. Er stimmt die Medikation auf ihr Alter ab. Die Patientin benötigt Insulin. Um sie jedoch nicht mehr als nötig zu "quälen", soll sie sich dieses zweimal am Tag spritzen. *Patientin 2* stimmt den Aussagen des Stationsarztes - wie fast immer - nur zu.

Bevor die Visite bei *Patient 3* fortgeführt werden kann, erfährt der Stationsarzt durch die Stationsschwester, dass der Chefarzt sich telefonisch zur Visite angekündigt habe, und er doch bitte auf ihn warten solle. Nach kurzer Wartezeit und dem Eintreffen des

---

[120] Es war zu beobachten, dass fast alle männlichen Patienten beim Gespräch mit dem Arzt aufstanden, wohingegen die weiblichen Patienten entweder im Bett liegen blieben oder sich darin aufsetzten.

Chefarztes betreten der Stationsarzt, der Chefarzt und ich noch einmal das erste Zimmer. Im Hinblick auf das Alter der *Patientin 1* stimmt der Chefarzt dem Behandlungsvorschlag des Stationsarztes zu. Er macht den Stationsarzt aber darauf aufmerksam, dass er eine intensivere Therapie vorschlagen würde, wenn die Patientin jünger wäre.

Mit *Patient 3* sprechen sowohl der Chefarzt, der den Hauptredeanteil hat, als auch der Stationsarzt. Letzterer weist den Patienten noch einmal ausdrücklich darauf hin, dass er absolut kein Bier trinken darf, wenn seine Insulineinstellung so bleiben soll, wie sie derzeit unter Klinikbedingungen ist.

Patient 4 ist neu aufgenommen worden und der Chefarzt befragt die PJ'lerin zur Diagnose. Die PJ'lerin wirkt unsicher. Sie kann die Frage nicht beantworten und so gibt der Chefarzt die Antwort selbst. Er erklärt anhand einiger Krankheitszeichen seinen Verdacht. Der Stationsarzt findet die Annahme des Chefarztes wohl übertrieben und bringt dies durch ein beruhigendes Kopfschütteln gegenüber der PJ'lerin zum Ausdruck. Deren Nervosität lässt daraufhin sichtbar nach. Der Chefarzt bekommt die non-verbale Kommunikation, die hinter seinem Rücken abläuft nicht mit. Er äußert die Vermutung, dass die Patientin eventuell an der Basedow'schen Krankheit leiden könne. Der Stationsarzt kann diese Diagnose wohl nicht nachvollziehen, geschweige denn bestätigen. Da die Patientin dem Chefarzt jedoch als "Forschungsobjekt" dient, um den PJ'lern einiges praktisch erklären zu können, was diese sonst nur aus der Theorie kennen, äußert er seine Zweifel in Gegenwart der Patientin nicht.

Patient 5 berichtet von sich aus über seine Erkrankung und seine Medikamente. Der Chefarzt spricht ihn auf ein bestimmtes Medikament an. Der Patient nimmt dieses Medikament wohl schon über einen längeren Zeitraum ein, wozu dieses Medikament sich eigentlich nicht eignet. Daraufhin weist der Patient den Chefarzt daraufhin, dass er selbst es ihm 1987 verordnet habe, und er es seitdem regelmäßig verordnet bekäme. Der Stationsarzt hatte dem Patienten erst am Tag zuvor erklärt, dass bei ihm fünf Medikamente abgesetzt würden, da er in deren Einnahme absolut keinen Sinn sähe. Zu den fünf Medikamenten gehört auch das vom Chefarzt verordnete. Um die Diskussion zu verkürzen, macht der Stationsarzt einen Medikamentenvorschlag, der dem Chefarzt sichtlich gefällt, denn er behauptet: "Das ist eine sehr gute Idee." Der Chefarzt wendet sich anschließend der Assistenzärztin zu und befragt sie zu Krankheitszeichen beim Patienten. Bereits zum zweiten Mal in dieser Woche hat sie nicht sofort eine Antwort parat.

Mit *Patientin 6* gibt es nichts besonderes zu besprechen.

Patientin 7 wurde über das Wochenende nach Hause entlassen.
Patientin 8 wird vom Chefarzt, ebenso wie am 25.08.98 kaum beachtet. Er bespricht mit dem Stationsarzt den "Fall", dann verabschiedet er sich aus dem Zimmer, während der Stationsarzt noch kurz mit der Patientin spricht. Diese reagiert auch heute auf seine Erklärungen. Er sagt, dass sie bald entlassen werden könne, und sie antwortet vorwurfsvoll, dass er das jetzt schon die ganze Zeit versprechen würde. Im Gegensatz zum Stationsarzt unternimmt der Chefarzt gar nicht erst den Versuch, einen Zugang zu der Patientin zu bekommen. Bevor die Visite im nächsten Zimmer fortgesetzt wird, findet die übliche Besprechung auf dem Gang statt. Bezogen auf *Patient 11* hält der Chefarzt einen längeren Vortrag zum Fasten im allgemeinen und zum Heilfasten im besonderen. Die Schwester stellt Fragen an den Chefarzt. Chefarzt und Stationsarzt sind bzgl. Kalorienreduzierung für *Patient 11* unterschiedlicher Meinung, doch diesmal setzt Chefarzt sich durch. Dabei erklärt er dem Stationsarzt ganz genau die Wirkung des Fastens auf den Körper und auf die Psyche des Patienten. Der Stationsarzt hatte die Absicht, den Patienten zu Anfang auf 1200 Kalorien täglich zu setzen und dann stetig zu reduzieren. Der Chefarzt hingegen beschließt den Patienten sofort auf 400 Kalorien zu setzen, was seiner Meinung nach bewirkt, dass der Patient sehr schnell abnimmt und allein dadurch schon den Anreiz erhält, weiterzumachen.

Patient 9 wird ein weiteres Mal eindrücklich darauf hingewiesen, seine bisherige Lebensführung zu ändern, damit er in den nächsten Jahren auf Insulin verzichten kann. Er allein sei für seinen Zustand verantwortlich.

Patient 10 hört wieder nur zu.

Patient 11 erfährt den Entschluss des Chefarztes und ist im ersten Moment sichtlich schockiert. Nachdem der Chefarzt ihm seine Entscheidung jedoch genau erklärt und begründet fängt der Patient sich relativ schnell wieder und nimmt den Entschluss ohne Gegenwehr als gegeben hin.

Patient 12 ist nicht anwesend. Er hat einen Termin bei der Diätberatung.

Patientin 13 ist über das Wochenende entlassen.

Patientin 14 ist eine Neuaufnahme. Sie ist außergewöhnlich jung, erst 21 Jahre alt. Der Chefarzt untersucht und befragt die Patientin ausgiebig. Sie antwortet sehr konkret. Der Chefarzt scheint einen bestimmten Verdacht zu haben, lässt sich das aber gegenüber der Patientin nicht anmerken.

Bei *Patientin 15* gibt es nichts besonderes zu besprechen.

Nach der Visite äußert der Chefarzt auf dem Gang seinen Verdacht bzgl. Patientin 14 gegenüber dem Stationsarzt. Sie scheinen beide einer Meinung zu sein und diskutieren das weitere Vorgehen.

3.2.2 Interviews

Interview geführt mit Dr. K., Stationsarzt am Universitätsklinikum Carl Gustav Carus der TU Dresden:

Welchem Zweck dient die Visite?
Das ist jetzt mehr eine allgemeine Frage?!
Ja, genau.
Also, die Visite dient dazu, mit den Patienten gemeinsam zu besprechen, wie man weiter vorgeht, wie man ihre Krankheiten behandeln möchte, und natürlich auch, einen aktuellen Eindruck zu bekommen, wie es den Patienten geht.
Ist es Ihnen lieber, wenn Patienten etwas über ihre Erkrankung bzw. deren Behandlung erfahren möchten oder ist es Ihnen lieber, wenn Patienten sich nicht allzu ausführlich informieren?
Also, sagen wir 'mal so, es ist einfacher, wenn die Patienten wenig wissen wollen, weil man dann machen kann, was man möchte. Es ist natürlich vom Prinzip her sehr viel wünschenswerter, wenn sich die Patienten: 1. mit ihrer Krankheit dahingehend beschäftigen, dass sie sich auch theoretisch ein bisschen informieren, etwas über die Erkrankung nachlesen, und 2. bei uns auch nachfragen, wie es denn weitergeht und was das denn für eine Krankheit ist. Bei den Diabetikern ist es relativ einfach, weil wir da die Diabetikerschulungen haben, die den Patienten sowieso angeboten werden.
Wie finden Sie heraus, mit welchem Patienten Sie wie sprechen müssen?
Das merkt man sehr schnell. Das ist im Grunde Erfahrung.
Wie wichtig ist die Kommunikation zwischen Arzt und Patient überhaupt?
Sehr wichtig. Das ist ganz klar.
Das war nicht immer klar, wenn man da einmal an die sogenannte Gerätemedizin denkt.
Also, ich denke, das trifft auf den normalen Stationsbetrieb nicht zu. Das trifft vielleicht bei Intensivstationen zu. Das trifft bei Konsiliaruntersuchungen zu, d.h. bei Untersuchungen, zu denen die Patienten hingeschickt werden. Wenn man aber in einer Funktionsabteilung arbeitet und tagtäglich Herzultraschall macht, o.Ä., da steht

das Gerät natürlich im Vordergrund. Wenn man einen Patienten aber tagtäglich auf der Station betreut, ist das völliger Unsinn. Da kann man von Gerätemedizin überhaupt nicht sprechen.

Gibt es irgend etwas, womit man die Arzt-Patient-Kommunikation verbessern könnte, oder ist sie so wie sie ist ausreichend?

Ja, verbessern könnte ...

Also, von beiden Seiten, von Seiten der Patienten als auch von Seiten der Ärzte.

Von ärztlicher Seite aus auf jeden Fall durch mehr Personal und andere Arbeitsbedingungen. Man muss bedenken, dass man als Arzt im Durchschnitt vielleicht eine sechzig, siebzig Stunden Woche hat. Man kann sich für die Patienten gar keine Zeit nehmen, weil man so viele Routineaufgaben zu erledigen hat. Man könnte sich dann im Grunde abends um 19.00 oder 20.00 Uhr hinsetzen, um mit den Patienten zu reden. Da muss ich ehrlich sagen, hat man als Arzt auch keine Lust mehr zu.

Ja, ich glaube, dann wollen die Patienten wahrscheinlich auch lieber fernsehen?

Die wollen sehr wahrscheinlich auch nicht. Genau. Das stößt da schon an Grenzen.

Gibt es von den Patienten auch etwas, was Ihnen so einfallen würde?

Nein, kann man eigentlich nicht sagen. Als Patient ist man ja in so einer gewissen Situation: Häufig ist man bei der Visite wie so ein Kaninchen vor der Schlange. Man weiß nicht, was auf einen zukommt. Man guckt den Arzt mit großen Augen an und sagt zu allem ja und amen und nachher fragt man die Schwester: "Was hat er denn gesagt?" Und dem muss man ein bisschen dahingehend entgegenwirken, dass die Patienten in dieser Hinsicht ein bisschen selbstbewusster werden. Ich betone 'ein bisschen', weil (...) es gibt da auch ganz andere Sorten von Patienten.

Wirkt sich Kommunikation auf den Heilungsprozess aus?

Langfristig, ja. Wenn ich jetzt 'mal unsere Diabetiker nehme. Wenn die gut geschult sind, auch ein gutes Verhältnis zu ihrem Arzt aufbauen, kommen sie mit ihrer Krankheit besser zurecht und lernen auch sehr viel mehr über ihre Spätschäden, die sie ja vermeiden sollen. Und da ist das natürlich sehr wichtig für das Fortschreiten der Krankheit.

Hätten Sie gern mehr Zeit für Gespräche mit Patienten, oder ist die Zeit ausreichend?

Nein, eigentlich nicht. Sie ist nicht ausreichend.

Wie schwierig ist es, eine Verbindung zwischen Experten- und Laienwissen herzustellen?

Die Frage verstehe ich jetzt nicht genau. Meinen Sie: Wie schwierig ist es das Wissen des Patienten und das Wissen des Arztes zu erweitern?
Im Prinzip meine ich damit die Umstellung von Fachsprache auf Allgemeinsprache, und sich vorzustellen, was der Patient überhaupt verstehen kann.
Also, das ist nicht schwer. Ich finde, das ist relativ einfach.
Bei manchen hat man da einen ganz anderen Eindruck.
Ja, also, ich bemühe mich immer, auch bei der Visite so zu reden, dass die Leute wissen, was ich meine, und dass ich nicht sage: "Wir machen jetzt eine Echokardiographie", sondern ich sage dann: "Wir machen eine Untersuchung, wo man mit so einer Art Bügeleisen über die Herzgegend fährt". Dann wissen sie ungefähr, wie das aussieht, und dass das nichts schlimmes ist.
Übernehmen Schwestern manchmal eine Vermittlerrolle?
Ja, auf jeden Fall. Das muss auch so sein.
Grüne Damen gibt es hier nicht?
Gibt es hier leider nicht. Das ist eine sehr wichtige ...
Gibt es das überhaupt an einem Klinikum?
Hier in Dresden **sicher** nicht. Aber da wo ich vorher gearbeitet habe, gab es die Grünen Damen, und die meisten von denen waren sehr gut. Es gibt auch welche, bei denen ich denken würde, wenn es die nicht gäbe, wäre es eigentlich viel besser, aber der hauptsächliche Teil dieser Grünen Damen ist schon sehr gut. Vor allen Dingen, weil die auch so kleinere Sachen machen, wie Patienten zum Frisör begleiten o.Ä. Das nimmt schon sehr viel Arbeit weg.
Erhalten Sie durch das Gespräch mit dem Patienten Erkenntnisse über dessen Krankheitsverlauf, die Sie ohne ein Gespräch nicht gewonnen hätten?
Ja, natürlich.
Erhalten Sie durch das Gespräch mit der Schwester manchmal Informationen über den Patienten, die Sie vom Patienten selbst nicht erfahren haben, die aber für den Krankheitsverlauf von entscheidender Bedeutung sein könnten?
Ja, das ist ein ganz wichtiger Aspekt. Erstens gibt es einen Pflegebericht, den man sich häufiger 'mal durchlesen sollte. Also, die Schwestern machen ja Übergaben und haben gewisse Zeiten, in denen Pflegeberichte geschrieben werden. Da stehen halt Sachen drin, die man sonst so gar nicht erfährt. Die Schwestern sagen uns das natürlich auch noch 'mal, aber die sagen auch zu Recht: "Lesen Sie einfach 'mal den Pflegebericht, da werden Sie ..." Da gibt es schon einmal einige Sachen, die man so nicht wüsste.

Wie schätzen Sie ab, in wie weit Sie einen Patienten über seine Erkrankung in Kenntnis setzen sowohl bzgl. des psychischen Zustandes als auch bzgl. der Intelligenz eines Patienten?
Ja, (...) das merkt man relativ schnell.
Ist auch ein Erfahrungswert?
Ja, (...) ein Erfahrungswert.
Verhalten sich die Patienten Ihnen gegenüber anders als gegenüber dem Chefarzt bzw. dem Oberarzt?
Ja.
Inwiefern?
Es ist so: Es liegt in der Natur der Sache, dass der Chef eben dadurch, dass er nur einmal wöchentlich auf Station kommt, eigentlich überhaupt kein Ansprechpartner für die Patienten ist. Man könnte sich die Chefvisite im Grunde, wenn ich jetzt 'mal böse bin, bei den Patienten sparen. Es würde völlig reichen, wenn der Chef sozusagen ins Arztzimmer kommt und mit uns die Leute bespricht. Es ist natürlich klar, (...) der Chef will die Patienten auch sehen und kann sich dadurch einen Eindruck vermitteln lassen, aber viel neues erfährt man durch die Chefvisite nicht.
Nein, (...) ich habe auch gemerkt, dass die Patienten bei der Visite gar nicht den Chef angesehen haben, bei der Visite, sondern ...
Die sehen mich an.
Ja, genau.
Meistens, wenn der Chef 'rausgeht, sag ich zu den Patienten: "Ich komme gleich noch 'mal und erkläre Ihnen ein bisschen was." Die sind einfach überfragt.
Nehmen die Patienten im Osten Anordnungen eher hin, als die Patienten im Westen?
Ja.
Ah, ja?!
Einfach nur 'ja'.
Gibt es ein ideales Visitengespräch? Haben Sie da eine Vorstellung?
Gibt es nicht. Finde ich unsinnig.
Warum?
Ein ideales Visitengespräch gibt es pauschal sicher nicht. Es gibt für jeden Patienten vielleicht das ideale Visitengespräch mit dem Arzt oder umgekehrt für den Arzt mit dem Patienten, aber das muss man dann bei jedem Patienten selber herausfinden.
Wie sieht es bzgl. des Ablaufs her aus?

Ja, was heißt vom Ablauf her? Man kommt herein, man gibt dem Patienten die Hand und fragt erst 'mal: "Wie geht's Ihnen?" Im Grunde will man gar nicht wissen, wie es ihm jetzt großartig geht, weil das innerhalb einer halben Minute abgehandelt werden muss. Und dann kommt man auf die täglichen Sachen zu sprechen, und das ist dann bei den Patienten alles. Und ein ideales Visitengespräch (...), darunter verstehe ich z.B. nicht die Aufklärung über die Krankheit, weil (...) das ist kein Visitengespräch.

Interview geführt mit Prof. Dr. H., Chefarzt am Universitätsklinikum Carl Gustav Carus der TU Dresden:

Welchem Zweck dient die Visite?
Die Visite hat verschiedene Richtungen. Einerseits dient sie dazu sich mit dem Fall grundsätzlich noch einmal auseinander zusetzen, das Therapiekonzept festzulegen oder zu moderieren. Es ist ja nicht nur eine Visite. Es sollen die verschiedenen ärztlichen Meinungen gefasst werden. Patienten werden ja fast nie mehr von einem Arzt allein behandelt. Die Ärzte müssen einen gemeinsamen Nenner finden. Außerdem ist es das Minimum an notwendiger Kommunikation mit den Patienten. Es wäre allerdings schlimm, wenn man sich nur bei dieser Gelegenheit mit den Patienten unterhielte. Es ist aber immerhin so, dass wichtige Entscheidungen am Krankenbett getroffen werden. Schwierigkeiten oder voraussichtlicher Krankheitsverlauf werden mit den Patienten besprochen. Die Visite ist, wie man aus Äußerungen der Patienten weiß, ein ganz wichtiges Ereignis des Tages für sie. Der Patient kommt mit seinem behandelnden Arzt, oder vielleicht mit dem Oberarzt oder auch dem Chefarzt zusammen und bespricht mit ihm Dinge, die für den Patienten ganz wichtig sind.
Wahrscheinlich, weil es ein feststehendes Ereignis des Tages ist.
Ja, das ist eine feste Bezugsgröße. Ich sag' einmal, eine, die im Krankenhausgeschehen fest verwurzelt ist, und wo jeder weiß, aha, zur Visite wird das dann so und so festgelegt.
Ist es Ihnen lieber, wenn Patienten etwas über ihre Erkrankung bzw. deren Behandlung erfahren möchten, oder ist es Ihnen lieber, wenn Patienten sich nicht allzu ausführlich informieren?
Mir, als zutiefst demokratischem Menschen ist der aufgeklärte Patient der liebere, der sympathischere, weil man gerade in dem Fachgebiet in dem ich arbeite immer auf die Zusammenarbeit mit dem Patienten angewiesen ist. Es handelt sich dabei ja um diese

ganzen Stoffwechselkrankheiten, also Diabetes, usw. Das sind ja lebensbegleitende Erkrankungen. Da geht es nur, ich sag' einmal, bestenfalls in einem partnerschaftlichen Verhältnis. Auf alle Fälle muss der Patient aufgeklärt sein. Wir haben ja heute dieses Prinzip "Hilfe zur Selbsthilfe". Das funktioniert nicht, wenn der Patient zu dämlich ist oder vom Arzt nicht in die Lage versetzt wird Grundinformationen, Grundwissen zu haben, um seine Krankheit handhaben zu können. Ich bin ja nun relativ alt, und habe hier noch andere Sachen kennengelernt, z.b. dass der Diabetiker doch mehr oder weniger Anweisungen erhielt, und dass der Arzt in der Tat je nach Temperament auch geschimpft hat, wenn der Patient sich nicht an die Anweisung gehalten hat. Ich habe das jedenfalls auch früher nie gemacht. Was allerdings ein Problem ist, das ist der halbgebildete Patient, der neunmal kluge Patient. Der Patient, der also einfach aufgrund seiner Halbbildung so überschlau reagiert, und der einem auf die Nerven gehen kann mit diesem Halbwissen und bei dem, weil er alles ständig in Frage stellt, dieser andere Teil des Heilens wegfällt. Es muss ja auch ein Vertrauensverhältnis da sein. Also, da ist jemand, der will dir helfen und der hilft dir auch. Ich denke, die ganze moderne Medizin kann das auch nach wie vor nicht wegbringen und man sieht immer, wenn man das zu sehr in diese Felder hereinführt – also in die reine Gerätemedizin, dann ist das auch nur die halbe Miete. Dann hat man nie diese Erfolge. Wenn es sich um Krankheiten handelt, die sehr emotionale, psychosoziale Dinge berühren, da ist Kommunikation schon sehr wichtig. Besonders schwierig ist es, wenn Leute in der Pubertät plötzlich ihre Krankheit nicht mehr wahr haben wollen, und sich bei Diabetes plötzlich kein Insulin mehr spritzen. Manche gehen dann einfach nicht mehr zum Arzt. Also, in diesen Fällen ist Kommunikation absolut notwendig. Da können Sie noch so schlaue Computer haben.

Wie schätzen Sie a, in wie weit Sie einen Patienten über seine Erkrankung in Kenntnis setzen, sowohl bzgl. des psychischen Zustandes als auch bzgl. der Intelligenz eines Patienten?

Also, da gibt es ein riesiges Spektrum. Nach meiner Erfahrung überschätzt man die Patienten meistens. Selbst Professoren sagen, dass sie es verstanden hätten, und machen es dann doch falsch. Ärzte neigen sehr dazu über die Leute hinwegzureden, auch zu dozieren. Wir sind natürlich alle dazu ausgebildet im Hörsaal zu reden und mit lauter Stimme zu sprechen, und dem kann man nur schwer ganz entkommen. Ich bemühe mich immer bewusst, das auszuschalten, dieses Dozieren, aber das gelingt mir nicht immer. Ich habe in der Privatsprechstunde relativ viele Professoren, und da ist man immer wieder erstaunt, dass sie bei bestimmten Dingen, auch wenn es noch

so kluge Leute sind, einfach nicht richtig zugehört haben, weil sie entweder mit ihren Sorgen beschäftigt waren, oder es einfach auch nicht richtig verstanden haben. Gerade bei den älteren Leuten wird das dann immer stärker, dass sie einem immer das Gefühl vermitteln, sie haben es verstanden, aber so richtig verstanden haben sie es eben doch nicht. Sie scheuen sich, dann noch einmal nachzufragen und nicken dann nur und vermitteln einem so das Gefühl, sie hätten alles gemacht, was man mit ihnen besprochen hat. Wie Konrad Lorenz gesagt hat: Gehört ist nicht verstanden, verstanden ist nicht einverstanden, einverstanden ist nicht durchgeführt. Es ist eine lange Kette.
Wie schwierig ist es, eine Verbindung zwischen Experten und Laienwissen herzustellen?
Das ist schwieriger als wir es denken. Wir bilden uns immer ein, wir haben es besser gemacht. Man tendiert dazu, sich immer einzubilden, dass man es gut rübergebracht hat. Im Grunde ist man doch in seinem Jargon und auf seiner Linie geblieben und hat es doch nicht vermittelt.
Verhalten sich die Patienten Ihnen gegenüber anders als gegenüber beispielsweise dem Stationsarzt?
Ja.
Sind das eigentlich noch "Ihre" Patienten, wenn Sie über die Station gehen?
Das ist unterschiedlich. Die Leute, die ich z.B. einweise, die orientieren sich sehr stark an mir. Dann gibt es Leute, die prinzipiell chefgläubig sind, die die Autorität sehen wollen. Man hat ja zur Visite nur eine Viertel Stunde Zeit, maximal, und ich bemühe mich ja immer, zwei Mal Chefvisite pro Woche durchzuführen, aber das gelingt mir nicht immer. Das klappt zu 60%. Wenn ich dann nur einmal in der Woche komme, und Leute nur einmal sehe, dann orientieren sie sich z.T. stärker an dem Stationsarzt. Ich habe Ihnen ja den Typ von Leuten genannt, bei denen es nur eine richtige Wahrheit gibt, wenn der Professor kommt, der Chefarzt. Dann gibt es aber andere, die eigentlich ganz normal reagieren und denken, da ist ein Stationsarzt, der kümmert sich um mich, der hat mich aufgenommen, der ist vertrauenswürdig und dann kommt da noch einmal die Woche jemand durch, der hat mich ein paar Minuten angesehen.
Wie wichtig ist Ihrer Meinung nach die Kommunikation zwischen Arzt und Patient?
Ich glaube die Bewertung eines Patienten, wie er das Krankenhaus erlebt, wird mindestens zu 30 – 40 % davon geprägt. Also, ich denke, wenn die Basics stimmen, also, das Krankenhaus sauber ist, die Zimmer ordentlich - die Leute wollen natürlich einen gewissen Standard sehen - und wenn der da ist und zwischen zwei Krankenhäusern gleich ist, dann denke ich, gewinnt das enorm an Bedeutung. Was hier sehr stark ein-

geschätzt wird, bei uns noch schlimmer als im Westen, glaube ich, das ist das Äußere, das Outfit einer Station. Wenn das aber erst einmal weg ist, dann hat Kommunikation eine sehr hohe Bedeutung.

Hat Kommunikation Einfluss auf den Heilungsprozess?
Ja, Kommunikation hat sicher einen ganz erheblichen Einfluss.

Erhalten Sie durch das Gespräch mit dem Patienten Erkenntnisse über dessen Krankheitsverlauf, die Sie ohne ein Gespräch nicht gewonnen hätten? Also wenn Sie zum Beispiel nur Messergebnisse hätten?
Dazu kann ich Ihnen ein Beispiel nennen: Wegen einer schlimmen Erkrankung sollte einem Patienten ein Bein abgenommen werden. Beste Chancen bei dieser Erkrankung bietet eine Blutwäsche. Eine Blutwäsche kostet 3000 DM. Nachdem was ich gehört hatte, bestand bei dem Mann ein 10 %-ige Wahrscheinlichkeit, dass es klappt. Als ich den Mann dann gesehen habe, habe ich gedacht, das klappt, und es hat auch geklappt. Weil man a) die Situation relativ negativ dargestellt hat und b) nicht gesagt hat, dass diese Erkrankung innerhalb weniger Minuten aufgetreten war. Man hatte mir das dargestellt, als wäre der Patient schon lange krank. War er aber gar nicht. Er war innerhalb weniger Minuten krank geworden. Das musste ein akuter Verschluss sein. Also, wenn man den Mann selbst gesehen hat, diese Hoffnung, die er hatte und so (...). Als ich die Röntgenbilder vorher gesehen habe und die beiden Ärzte zu mir kamen, um zu fragen, was wir denn nun machen, und der eine sagte, "Wir können nichts mehr machen, wir können nur noch amputieren", da hätte ich ihm fast zugestimmt, bis ich den Patienten selbst gesehen habe. Da war mir klar, selbst wenn es nur eine 5 %-ige Chance gibt, der schafft das.

Hätten Sie gern mehr Zeit für Gespräche mit Patienten?
Ja.

Was wäre nötig, um die Arzt-Patient-Kommunikation zu verbessern oder ist sie so wie sie ist ausreichend?
Die jungen Ärzte brauchen eine andere Einstellung. Sie sind sehr stark an medizinischen Geräten orientiert. Das hat nicht nur mit der Bezahlung zu tun.

Wie würden Sie sich das „ideale" Visitengespräch vorstellen?
Vor der Tür eine gute Vorstellung des Patienten durch den Stationsarzt. Innerhalb von drei Minuten muss er in der Lage sein, den Chefarzt über den Patienten aufzuklären, ohne auch nur einmal in seine Unterlagen zu sehen. Das ist machbar.

Nehmen Ost-Patienten Anordnungen des Personals widerspruchsloser hin als West-Patienten?

Wessis sind generell sachlicher, Ossis eher emotional, Ossis sind die lieberen Patienten, zeigen ihre Dankbarkeit auch schon einmal durch einen selbstgebackenen Kuchen, den sie dem Arzt schenken.
Haben sich bzgl. Kommunikation nach der Wende Änderungen ergeben?
Die Kommunikation selbst hat sich kaum verändert, aber das äußere Erscheinungsbild hat sich geändert.

3.3 Die Visite auf einer internistischen Station des Klinikums der UGH Essen

Bevor die Visite beginnt, erhalten die behandelnden Ärzte eine Liste mit der aktuellen Bettenbelegung. Sie sprechen im Zimmer des Stationsarztes über einzelne Patienten und stellen vorliegende Untersuchungsergebnisse zusammen. Alles wirkt relativ unstrukturiert. Nach Angaben der Ärzte planen sie den Beginn der Visite für etwa 09.30 Uhr täglich ein, doch er verzögert sich regelmäßig um eine halbe bis etwa eine Stunde. Das liegt daran, dass sie vor der Visite noch Briefe Korrektur lesen, die sie den zu entlassenden Patienten mitgeben. Diese Briefe werden einen Tag zuvor diktiert, werden dann im Schreibbüro getippt und gehen wieder an den jeweiligen Arzt zurück. Einige der Briefe sind fehlerhaft und müssen berichtigt werden, bevor sie dem Oberarzt zur Unterschrift vorgelegt werden können. Danach beginnt dann die Visite.

3.3.1 Der Verlauf der Stationsvisite

<u>Am 09.11.98 werden 17 Patienten (9 Frauen, 8 Männer) stationär behandelt</u>
Die Visite wird durch eine AiP geleitet, da der Stationsarzt nach einem 24-Stundendienst am Wochenende an diesem Morgen den Dienst beendet. Es nehmen zwei AiP's und ein PJ'ler an der Visite teil. Die Visite findet an diesem Tag in umgekehrter Reihenfolge statt, d.h. sie beginnt in dem Zimmer, in dem sie an den übrigen Tagen endet. Nach einem kurzen Anklopfen betritt die AiP als erste das Zimmer.
Patient 1 wird durch die AiP begrüßt. Während sie mit ihm ziemlich leise spricht, wirft sie zwischendurch immer mal wieder einen Blick in die Patientenakte. Während des Gesprächs macht sie sich Notizen.

Patient 2 wird durch die AiP zum Sprechen ermutigt. Auch bei diesem Patienten wechselt der Blick der Ärztin immer zwischen den Aufzeichnungen und dem Gesicht des Patienten hin und her.
Patient 3 ist während der Visite nicht anwesend.
Mit *Patient 4* spricht die AiP deutlich lauter, als mit den übrigen Patienten, da er sehr schlecht hören kann. Ansonsten wechselt ihr Blick auch hier wieder zwischen dem Gesicht des Patienten und ihren Unterlagen hin und her.
Patientin 5 ist sehr ungehalten, weil sie nicht weiß, an welcher Krankheit sie leidet. Die Ärztinnen wirken verunsichert und sprechen leise miteinander. Danach wendet sich die eine AiP an die Patientin und gibt zu, dass sie selbst nicht genau wüssten, woran sie leide.
Patientin 6 stellt konkrete Fragen an die AiP, die diese auch sofort beantwortet.
Patientin 7 wird durch die AiP über die nächsten Behandlungsschritte informiert. Die Patientin stellt keine Fragen, da die Ärztin es aber für wichtig hält, erklärt sie der Patientin, den als nächstes stattfindenden Stresstest.
Patientin 8 ist auf dieser Station eine besondere Patientin, da sie einen Teil der Kosten privat trägt. Diese Tatsache zeigt sich nicht nur daran, dass die Ärzte wesentlich mehr Zeit in das Gespräch mit der Patientin investieren, sondern dass das gesamte Gespräch auf eine vollkommen andere Weise abläuft als bei den übrigen Patienten. Nach einer sehr freundlichen Begrüßung fragt die eine AiP, ob sie sich zu der Patientin auf das Bett setzen darf, während die andere auf einem Stuhl nahe des Bettes Platz nimmt. Die Patientin erzählt von ihren beiden Töchtern und ihren zwei Enkelkindern. Sie zeigt den Ärztinnen Fotos ihrer Familie und spricht über England, wo eine ihrer Töchter lebt. Nachdem Ärztinnen und Patientin eine Weile miteinander "geplaudert" haben lenkt die eine AiP das Gespräch auf eine medizinische Ebene. Sie fragt die Patientin, ob sie irgendwelche Beschwerden habe oder ob sie neben der normalen Behandlung noch irgendetwas für sie tun können. Die Patientin ist mit allem zufrieden und so wird das Gespräch nach 11.49 Minuten beendet.
Patientin 9 ist seit vier Wochen im Krankenhaus und erfährt, dass sie am nächsten Tag nach Hause darf. Sie ist von dieser Mitteilung ganz begeistert und hat keine Fragen mehr an die Ärztinnen.
Patientin 10 spricht die AiP auf eine Medikamentenunverträglichkeit an. Die Ärztin kann ihr dazu keine Auskunft geben, verspricht aber, sich danach zu erkundigen und der Patientin das Ergebnis anschließend mitzuteilen. Ausnahmsweise sieht die AiP nicht in die Patientenakte, da sie durch das Gespräch mit der Patientin auf ein akutes

Problem aufmerksam gemacht wurde und alle übrigen Fakten dadurch vorerst in den Hintergrund treten.
Bei *Patientin 11* wird sowohl durch den AiP als auch durch den PJ'ler der Brustraum abgehört. Die Ärztin stellt Fragen, die die Patientin auch beantwortet. Eigene Fragen stellt die Patientin nicht.
Bei *Patient 12* gibt es keine Besonderheiten.
Patient 13 ist während der Visite nicht anwesend.
Patient 14 wurde erst an diesem Tag aufgenommen. Er ist Türke und spricht kaum deutsch. Da der PJ'ler ebenfalls Türke ist, übernimmt er die Gesprächsführung und spricht mit dem Patienten in türkischer Sprache.
Patient 15 scheint sich nicht immer an die Anweisungen der Ärzte und des Pflegepersonals zu halten. Er wird deshalb eindrücklich darauf hingewiesen, dass er ärztliche Anweisungen in jedem Fall einzuhalten habe, wenn er seine Therapie nicht gefährden wolle.
Bei *Patient 16* setzt sich eine der AiP's auf einen Stuhl, der am Bett des Patienten steht. Der Patient stellt Fragen an die leitende AiP, die diese auch beantwortet. Oftmals wirft sie vor der Beantwortung einer Frage einen Blick in die Patientenakte.
Patientin 17 ist sehr schwach. Sie ist kaum in der Lage, die Fragen der Ärztinnen zu beantworten. Den Ärztinnen fällt auf, dass die Schluckbeschwerden der Patientin sich verschlimmert haben. Eine Ärztin hört die Patientin daraufhin mit einem Stethoskop ab.

<u>Am 10.11.98 werden 16 Patienten (9 Frauen, 7 Männer) stationär behandelt</u>
Die Visite wird an diesem Tag durch einen Oberarzt geleitet. Außerdem nehmen der Stationsarzt, zwei AiP's und ein PJ'ler teil. Bevor die Teilnehmer das erste Zimmer betreten, lässt der Oberarzt sich über den Gesundheitszustand von *Patientin 3* informieren. Er sieht sich mehrfach die Röntgenbilder der Patientin an und macht die anderen Ärzte auf Besonderheiten aufmerksam. Nach einer 15-minütigen Besprechung auf dem Gang, betritt der Oberarzt nach kurzem Anklopfen das Zimmer.
Patientin 1 wird durch den Oberarzt begrüßt. Er stellt sich so neben das Bett, dass er ständig Blickkontakt zu der Patientin halten kann. Er ermutigt die Patientin zum Sprechen.
Patientin 2 reicht dem Oberarzt neue Befunde, die er sich daraufhin ansieht. Ansonsten sieht er nur die Patientin an und interessiert sich nicht für die Patientenakte.

Patientin 3 ist während der Visite nicht anwesend, da für sie zu dieser Zeit eine Untersuchung angesetzt ist.

Bevor die Visite im nächsten Zimmer fortgesetzt wird, löst sich die Gruppe auf. Alle Ärzte sind momentan damit beschäftigt, notwendige Patientenbriefe zu beschaffen, da einige Patienten ungeduldig auf ihre Entlassung warten. Eine Patientin liegt in ihrem Bett auf dem Flur und wartet auf die Verlegung auf eine andere Station. Der Oberarzt muss bzgl. dieser Patientin noch Anweisungen zur Weiterbehandlung geben. Dem Oberarzt "entschlüpft" die Aussage, dass die Dokumentation der Behandlungen katastrophal sei. Die Schwestern sehen scheinbar nicht in die Dokumentation der Ärzte und die Ärzte interessieren sich scheinbar auch nicht für das, was die Schwestern aufschreiben. Beide Gruppen geben sich keine Mühe, lesbar zu schreiben. Außerdem beklagen die Ärzte, dass die Schwestern ihre Anordnungen nicht befolgten. Nachdem alle Teilnehmer sich wieder vor dem zweiten Zimmer eingefunden haben, wird die Visite fortgesetzt.

Patient 4 wird durch den Oberarzt begrüßt, fragt jedoch sofort nach dem PJ'ler. Dieser übernimmt die Gesprächsführung und übersetzt die Fragen des Oberarztes ins Türkische. Ebenso übersetzt er die Antworten des Patienten ins Deutsche. Die Ärzte sprechen hauptsächlich miteinander. Sie sprechen über den Patienten, was dieser, obwohl er nur wenig deutsch versteht, bemerkt und was ihn unruhig werden lässt. Der PJ'ler bemerkt diese Unruhe und versucht immer wieder, dem Patienten Teile des Gesprächs zu übersetzen. Dabei muss er allerdings darauf achten, dass er nichts übersetzt, was der Patient nicht wissen soll.

Patient 5 ist während der Visite nicht anwesend.

Auf dem Flur werden organisatorische Dinge besprochen. Dabei wird auch erörtert, dass die Kommunikation mit dem Pflegepersonal sehr schlecht funktioniert.

Mit *Patient 6* gibt es nichts besonderes zu besprechen.

Patient 7 wirkt durch die Fragen, die der Oberarzt ihm stellt ziemlich verunsichert, weil er nicht weiß, worauf der Arzt hinaus will. Der Oberarzt bemerkt die Verunsicherung des Patienten und erklärt ihm daraufhin, was bei den letzten Untersuchungen aufgefallen ist. Es stellt sich heraus, dass der Patient zuvor durch einen Kardiologen untersucht worden ist, dieser hat dem Patienten aber keinen Befund mitgeteilt. Dem Oberarzt ist die Symptomatik des Patienten unerklärlich. Der Patient fragt den Stationsarzt, ob die Kanüle verlegt werden könne, da er durch ihre jetzige Position in seinen Bewegungen stark eingeschränkt ist. Der Stationsarzt verspricht ihm, nach der Visite wiederzukommen und die Kanüle zu verlegen.

Bei *Patientin 8* gibt es keine Besonderheiten.

Patientin 9 spricht mit dem Oberarzt, wobei dieser die Gesprächsführung übernimmt. Er hält Blickkontakt zu der Patientin und sieht nicht in die Patientenakte. Die übrigen Ärzte werden von der Patientin nur am Rande beachtet.

Patientin 10 kann sehr schlecht hören und muss als erstes ihr Hörgerät einsetzen. Der Oberarzt stellt sich namentlich und in seiner Funktion als Oberarzt bei ihr vor. Während der Oberarzt sich durch die AiP über die Befunde der Patientin informieren lässt, wird die Patientin selbst sehr ungeduldig. Sie reagiert auf Fragen und Bemerkungen des Oberarztes sehr forsch, beinahe angriffslustig.

Patientin 11 ist während der Visite nicht anwesend.

Patientin 12 wird durch den Oberarzt informiert, dass noch nicht bekannt sei, welche Krankheit bei ihr vorliege. Die Patientin erklärt daraufhin dem Stationsarzt den Befund des HNO-Arztes, bei dem sie vorher zur Untersuchung war.

Patientin 13 ist während der Visite nicht anwesend.

Patient 14 ist von Beruf Krankenpfleger. Der Oberarzt fragt nach, ob der Patient vor seiner Einweisung ins Krankenhaus Verletzungen irgendwelcher Art gehabt habe, oder ob er an einem Furunkel, einem Karbunkel o.Ä. gelitten habe. Der Patient erklärt, dass er nichts dergleichen gehabt habe. Der Oberarzt gibt zu verstehen, dass ihm nicht klar sei, wie die Erkrankung zustande gekommen sein könnte. Der Patient macht dem Oberarzt daraufhin Vorschläge zur weiteren Behandlung. Es fällt auf, dass der Oberarzt mit dem Patienten ein Gespräch führt, in dem er wesentlich mehr Fachausdrücke benutzt als bei den übrigen Patienten.

Patient 15 wird dem Oberarzt durch den PJ'ler vorgestellt. Der Oberarzt lässt sich durch den Patienten über dessen Insulineinstellung informieren. Er beschließt, die Insulindosis zu verringern. Daraufhin macht der Patient den Oberarzt auf Unstimmigkeiten bei der vorgeschlagenen Insulingabe aufmerksam. Sie klären dieses Problem umgehend. Dann weist der Patient den Oberarzt darauf hin, dass er Rentner sei und nicht vorhabe seine knappe Zeit, im Krankenhaus zu "vertrödeln".

Patient 16 ist während der Visite nicht anwesend.

Am 11.11.98 werden 18 Patienten (9 Frauen, 9 Männer) stationär behandelt

Patientin 1 wird durch den Stationsarzt begrüßt. Es findet ein Gespräch zwischen Arzt und Patientin statt, in dessen Verlauf der Arzt einige neue Anordnungen in die Patientenakte einträgt.

Für *Patientin 2* nimmt der Stationsarzt sich heute etwas mehr Zeit. Er setzt sich zu ihr aufs Bett, da die Patientin nach vielen Untersuchungen sehr schwach ist und kaum sprechen kann, und er sie so besser verstehen kann. Die Patientin hat Angst vor weiteren Untersuchungen. Der Stationsarzt erklärt ihr, welche Untersuchungen unbedingt noch durchgeführt werden müssen, dass sie aber größtenteils nicht so schlimm seien. Die Patientin wird daraufhin ein bisschen ruhiger. Sowohl der Stationsarzt als auch die AiP sprechen mit der Patientin, wobei der Stationsarzt jedoch den Hauptredeanteil hat.

Patient 3 fragt nach der Begrüßung durch den Stationsarzt als erstes nach dem "türkischen Doktor". Eine Krankenschwester hatte sich jedoch vor Betreten des Zimmers mit einer Frage an den PJ'ler gewandt, so dass dieser sich kurzeitig von der Gruppe entfernt hatte und nun nicht zur Verfügung steht.

Die Ärzte zeigen nun ein häufig zu beobachtendes Verhalten. Da der Patient kaum deutsch versteht, sprechen sie langsamer, in unvollständigen Sätzen und wesentlich lauter als mit den übrigen Patienten.

Patient 4 ist während der Visite nicht anwesend.

Bei *Patient 5* nehmen nur noch der Stationsarzt und eine Krankenschwester an der Visite teil. Der Arzt teilt dem Patienten seine Überlegungen bzgl. der weiteren Behandlung mit, und der Patient nimmt diese Entscheidung widerspruchslos hin.

Patient 6 befragt den Arzt bzgl. seiner Erkrankung. Der Stationsarzt erklärt dem Patienten daraufhin ganz genau, wie das Herz normaler Weise funktioniert. Anschließend beschreibt er die Fehlfunktion des Herzens des Patienten. Der Patient hat noch Fragen und der Stationsarzt sieht in die Aufzeichnungen bevor er diese Fragen beantwortet.

Patientin 7 wirkt sehr verunsichert und ängstlich. Der Stationsarzt behandelt sie und verlässt dann, ohne ihr mitzuteilen, was er als nächstes plant, das Zimmer. Die Patientin bleibt in der Position im Bett sitzen, wie der Stationsarzt sie verlassen hat. Für kurze Zeit entfernen sich dann alle Ärzte aus dem Raum. Als alle wieder anwesend sind fragt die Patientin nach der Bedeutung der vorhin durchgeführten Untersuchung, erhält jedoch keine Antwort. Die Ärzte hingegen unterhalten sich untereinander über den Befund der Patientin.

Patientin 8 ist während der Visite nicht anwesend.

Patient 9 sitzt am Tisch. Nachdem der Stationsarzt den Patienten begrüßt hat, unterhält er sich mit seinen Kollegen über den Patienten, dabei sprechen sie relativ leise. Der Patient unternimmt dreimal den Versuch, den Stationsarzt etwas zu fragen. Beim dritten Mal reagiert der Arzt endlich und gibt eine zufriedenstellende Antwort.

Patient 10 ist an diesem Morgen neu aufgenommen worden und stellt sich den Ärzten namentlich vor. Daraufhin stellen sich dann die Ärzte dem Patienten vor.
Bevor die Visite im nächsten Zimmer fortgeführt werden kann, entfernt sich der Stationsarzt von der Gruppe, um mit Kollegen Computertomographien abzuklären. Als er zurückkommt, wird die Visite fortgesetzt.
Patientin 11 ist über einige Vorkommnisse sehr ungehalten, was sie deutlich zum Ausdruck bringt. Nachdem der Stationsarzt ihr erklärt hat, dass es einige organisatorische Unstimmigkeiten gegeben habe und sich dafür bei der Patientin entschuldigt, ist sie besänftigt. Zum Schluss erzählt die Patientin sogar einen Witz.
Patientin 12 ist während der Visite nicht anwesend.
Patientin 13 sitzt am Tisch. Bezogen auf das Gespräch gibt es keine Besonderheiten.
Patientin 14 ist während der Visite nicht anwesend.
Bei *Patientin 15* ist eine Schwester während der Visite anwesend. Ansonsten gibt es nichts besonderes zu berichten.
Patientin 16 ist an diesem Morgen neu aufgenommen worden und so stellt der Stationsarzt sich bei der Begrüßung vor. Er erklärt der Patientin, welche Art der Behandlung für sie vorgesehen ist.
Der Stationsarzt setzt sich nach der Begrüßung zu *Patient 17* auf die Bettkante. Der Patient stellt dem Stationsarzt Fragen, die von der AiP beantwortet werden. Die Ärzte sprechen miteinander über den Patienten. Dieser verfolgt zwar das Gespräch, mischt sich aber nicht ein.
Patient 18 wird durch den Stationsarzt untersucht. Dabei flüstert er immer wieder mit den AiP's. Zwischendurch stellt er dem Patienten Fragen, die dieser auch beantwortet.
Bei *Patient 19* dauert die Visite nicht lange, da es nichts besonderes zu besprechen gibt.
Bei *Patient 20* (Pfleger) fällt auf, dass er nicht nur mit dem Stationsarzt bzw. mit einem der anderen Ärzte spricht, sondern in einen Dialog mit allen Anwesenden eintritt. Bei ihm wagen die Ärzte nicht, miteinander zu flüstern bzw. sich über den Patienten zu unterhalten.

<u>Am 12.11.98 werden 20 Patienten (10 Frauen, 10 Männer) stationär behandelt</u>
Die Visite beginnt an diesem Tag erst um 10.24, da der Chefarzt zuvor noch mit einigen anderen Dingen beschäftigt ist. Im Zimmer des Stationsarztes versuchen die teilnehmenden Ärzte die zusätzliche Zeit zu nutzen, um alle wichtigen Fakten, die ihnen bzgl. der Patienten zur Verfügung stehen, auswendigzulernen. Dann erscheinen der

Chefarzt und ein Oberarzt. Der Chefarzt fragt auf dem Weg zum ersten Zimmer, welche Schwester die Visite begleiten wird. Einer der Ärzte geht daraufhin ins Schwesternzimmer und erklärt, dass der Chefarzt gerne mit der Visite beginnen würde. Sofort erklärt sich eine Schwester bereit, die Visite zu begleiten.

Vor jedem Zimmer lässt der Chefarzt sich durch den Stationsarzt, der sichtlich nervös ist, über den jeweiligen Patienten informieren. Während der Stationsarzt Bericht erstattet, stellt der Chefarzt eine Frage, die den Stationsarzt aus dem Konzept bringt. Der Chefarzt nimmt diese Reaktion wahr und sagt entschuldigend: "Aber, ich will jetzt nicht ablenken." Zwischenzeitlich greift der Oberarzt in das Gespräch zwischen Chefarzt und Stationsarzt ein. Immer wieder stellt der Chefarzt gezielt Zwischenfragen, was die Nervosität des Stationsarztes steigert. Nach der Vorbesprechung betritt der Chefarzt nach kurzem Anklopfen das erste Zimmer. Zur Begrüßung und zum Abschied reicht er jedem Patienten die Hand.

Patientin 1 teilt dem Chefarzt im Laufe des Gesprächs mit, dass sie Angst vor einer ganz bestimmten Untersuchung habe. Der Chefarzt nimmt ihr diese Angst sofort, indem er ihr erklärt, dass diese Untersuchung für sie gar nicht vorgesehen sei. Anschließend untersucht der Chefarzt die Patientin.

Patientin 2 ist sehr schwach. Sie wird zwar durch den Chefarzt zum Sprechen ermutigt, ist dazu aber kaum in der Lage. Der Chefarzt erkundigt sich bei den anderen Ärzten, welche Medikamente die Patientin momentan erhält. Die Ärzte unterhalten sich über die Patientin, dann sieht der Chefarzt in die Patientenakte, die der Stationsarzt in Händen hält. Während der Chefarzt sich noch einmal an die Patientin wendet und sehr behutsam und einfühlsam zu ihr spricht, flüstern die übrigen Ärzte im Hintergrund. Zum Schluss gibt der Chefarzt der Schwester noch eine Anweisung.

Vor dem nächsten Zimmer lässt der Chefarzt sich durch eine AiP über den Zustand des *Patienten 3* informieren. Die AiP wirkt souverän und lässt sich auch durch Zwischenfragen des Chefarztes nicht aus dem Konzept bringen. Der Chefarzt wendet sich mitten im Gespräch an mich und äußert Bedenken darüber, dass ich, da ich etwas abseits stehe, evtl. nicht genug von der Vorbesprechung mitbekäme. Ich zerstreue diese Bedenken.

Patient 3 steht neben dem Bett und scheint auf die Visite zu warten. Der Chefarzt spricht kurz mit ihm.

Bei *Patient 4* (Türke) übernimmt der PJ'ler die Aufgabe, den Chefarzt über den Zustand des Patienten zu informieren. Die Ehefrau des Patienten spricht deutsch und darf während der Visite im Zimmer bleiben. Der Patient beobachtet das Gespräch der

Ärzte untereinander. Während der PJ'ler die Gesprächsführung mit dem Patienten übernimmt, erteilt der Chefarzt der Schwester erneut eine Anweisung.
Vor dem nächsten Zimmer informiert der Stationsarzt den Chefarzt über den Patienten.
Patient 5 verfolgt das Gespräch, das der Chefarzt und der Stationsarzt über ihn führen. Sie benutzen dabei viele Fachausdrücke, ohne den Patienten über deren Bedeutung aufzuklären. Der Stationsarzt fragt den Chefarzt nach dem weiteren Verlauf der Behandlung. Der Chefarzt macht daraufhin Vorschläge sowohl zur weiteren Behandlung als auch zu Medikamenten, die verabreicht werden sollten. Bevor die Gruppe sich dem nächsten Patienten zuwendet, richtet der Patient noch eine Frage an den Stationsarzt, die dieser auch scheinbar zufriedenstellend beantwortet.
AiP klärt den Chefarzt über den Zustand des *Patienten 6* auf. Der Chefarzt erklärt dem Patienten anschließend, welche Maßnahmen für ihn beschlossen wurden und informiert ihn darüber, wie die weitere Behandlung – speziell nach seiner Entlassung – aussehen wird.
Auf der Station ist inzwischen an alle Patienten das Mittagessen ausgegeben worden. *Patientin 7* wird durch den Chefarzt zum Sprechen ermutigt. Die Patientin fragt nach der Bedeutung eines bestimmten Fachwortes und erhält umgehend eine verständliche Erklärung. Da der Chefarzt die Patientin untersuchen möchte, schiebt er das Nachtschränkchen mit dem ausgeklappten Tisch, auf dem das Mittagessen der Patientin steht, zur Seite. Während er einen Deckel über den Teller legt, gibt er der Patientin zu verstehen, dass es schließlich schade sei, wenn ihr Essen kalt würde. Die Patientin nimmt die Handlung und die Erklärung widerspruchslos hin.
Patientin 8 wird durch den Chefarzt untersucht. Er spricht die Patientin auf ein Foto an, das sie auf dem Nachttisch stehen hat. Patientin ist erfreut über das Interesse.
Patient 9 wird dem Chefarzt durch eine PJ'lerin vorgestellt. Die Behandlung des Patienten birgt aufgrund einer weiteren bestehenden Krankheit einige Komplikationen. Der Chefarzt macht den Patienten darauf aufmerksam, dass bei evtl. auftretenden Unsicherheiten weitere Ärzte (Experten) hinzugezogen würden. Dem Patienten ist seine komplizierte Situation durchaus bewusst, wird aber durch die Erklärung des Chefarztes etwas ruhiger.
Patient 10 fragt den Chefarzt nach seiner Entlassung. Der Chefarzt kann ihm dazu noch keine genaue Auskunft geben. Der Chefarzt fragt den Stationsarzt nach einem Medikament, das dieser dem Patienten verordnet hat. Er ist mit diesem Medikament nicht einverstanden und erklärt dem Patienten, dass er für ihn ein anderes Medika-

ment vorsieht, um ein besseres Ergebnis zu erzielen. Der Patient erkundigt sich daraufhin nach einer bestimmten Tablette.

Patientin 11 wirkt sehr forsch. Sie lässt sich in keiner Weise durch die große Anzahl der anwesenden Visitenteilnehmer beeindrucken.

Patientin 12 ist ein Pflegefall. Sie spricht den Chefarzt mit "Herr Doktor" an, was dieser vollkommen ignoriert. Die Patientin kann schlecht hören und muss deshalb öfter nachfragen, weil sie akustisch nicht verstanden hat, was der Chefarzt ihr bereits mitgeteilt hat.

Vor dem nächsten Zimmer findet eine Diskussion über Kosten und über die Verweildauer der Patienten auf der Station statt. Im Zimmer informiert eine AiP den Chefarzt über *Patientin 13*.

Patientin 13 ist verärgert über die Aussage des Chefarztes, dass sie noch nicht entlassen werden könne, da noch nicht bekannt sei, woran sie leide.

Patientin 14 wird durch die PJ'lerin vorgestellt. Sie teilt dem Chefarzt auf Anfrage auch sofort ihre Diagnose mit. Sie wird daraufhin vom Chefarzt gelobt. Anschließend, stellt er nun aber dem ebenfalls anwesenden PJ'ler einige Fragen, um dessen Wissen zu prüfen. Dessen Antworten genügen dem Chefarzt nicht, und so hält er einen kurzen Vortrag. Die Patientin ist sehr gut informiert und gibt dem Chefarzt ganz eindeutige Auskünfte über Ergebnisse von Voruntersuchungen, die bei der Hausärztin durchgeführt wurden. Der Chefarzt äußert seine Begeisterung über die Hausärztin, die vor der Einweisung ins Krankenhaus alle notwendigen Voruntersuchungen durchgeführt hat.

Vor dem nächsten Zimmer stellt der Chefarzt Fragen an den PJ'ler, um dessen Wissen zu überprüfen. Diesmal ist der PJ'ler jedoch sofort in der Lage eindeutige und korrekte Antworten zu geben und so setzt der Chefarzt die Visite fort. Inzwischen hat sich auch noch der zweite Oberarzt eingefunden.

Patientin 15 benötigt keine Ermutigung zum Sprechen. Sie stellt von sich aus Fragen an den Chefarzt.

Patientin 16 wird vom Chefarzt gezielt nach bestimmten Symptomen befragt. Die Patientin gibt darüber ausführlich Auskunft.

Mit *Patient 17* (Pfleger) sprechen sowohl der Chefarzt als auch die beiden Oberärzte.

Patient 18 wird dem Chefarzt durch eine AiP vorgestellt. Der Patient ist sehr verärgert über die Organisation auf der Station. Nachdem sich bereits die AiP bei dem Patienten für die schlechte Organisation entschuldigt hat, geschieht gleiches noch einmal durch den Chefarzt.

Patient 19 wird durch den Chefarzt untersucht. Der Patient stellt ihm Fragen bzgl. eines Medikaments, das ihm verordnet wurde.

Patient 20 ist erst kurz vor der Visite durch den PJ'ler neu aufgenommen worden. Er informiert den Chefarzt nun über die Vorgeschichte des Patienten. Daraufhin sehen sich alle Ärzte die Aufzeichnungen über den Patienten an. Der Chefarzt wechselt nur wenige Worte mit dem Patienten.

Am 13.11.98 werden 20 Patienten (11 Frauen, 9 Männer) stationär behandelt
Eine AiP beginnt die Visite allein.

Patientin 1 reagiert durch Mimik auf das, was die AiP ihr sagt, ist aber zu schwach, um mit ihr zu sprechen. Da ihre bisherige Behandlung weitergeführt wird, gibt es nichts neues zu besprechen und so dauert die Visite bei ihr nur kurz.

Inzwischen sind eine weitere AiP und ein PJ'ler ins Zimmer gekommen.

Patientin 2 fragt eine AiP, ob die Kanüle nicht so langsam entfernt werden könne. Daraufhin verlässt die AiP das Zimmer, um die notwendigen "Materialien" zu holen. Sie entfernt die Kanüle und verlässt wieder das Zimmer, um den "Abfall" zu entsorgen.

Bei *Patientin 3* ist eine Behandlung mit Cortison vorgesehen. Die AiP spricht mit der Patientin über mögliche Nebenwirkungen dieses Medikaments. Sie stellt Wirkungen und Nebenwirkungen in Relation zueinander und nimmt damit der Patient sogleich die Angst vor der notwendigen Behandlung.

Patient 4 wird von der AiP über eine notwendige Untersuchung informiert. Der Patient ist beunruhigt und fragt etwas ängstlich nach, wie diese Untersuchung denn ablaufen wird. Die Ärzte flüstern miteinander und die AiP, die die Visite leitet gibt dem Patienten anschließend etwas ausweichend Antwort.

Bei *Patient 5* (Türke) übernimmt der PJ'ler wieder die Gesprächsführung in türkischer Sprache. Teilweise leitet er das Gespräch selbstständig, teilweise übersetzt er Fragen der AiP's ins Türkische und die Antworten des Patienten ins Deutsche. Während der PJ'ler mit dem Patienten spricht, unterhalten sich die AiP's über rheumatisches Fieber und lenken damit den PJ'ler vom Gespräch mit dem Patienten ab. Der PJ'ler weiß nicht, wem er zuhören soll, da er befürchtet, dass AiP's etwas besprechen, was er auch wissen sollte. Allein die Tatsache, dass der Patient nicht versteht, was um ihn herum gesprochen wird, lässt ihn sehr unruhig werden.

Bevor die Visite bei *Patient 6* fortgeführt wird, gesellt sich der Stationsarzt zu den Visitenteilnehmern. Die AiP, die bisher die Visite geleitet hat, verlässt die Gruppe kurzzeitig, dafür kommt aber eine PJ'lerin hinzu, die bisher noch damit beschäftigt war, einigen Patienten Blut abzunehmen. Während die anwesenden Ärzte kurz über die Patienten im nächsten Zimmer sprechen, erscheint ein Oberarzt und lässt sich über den Zustand der Patienten informieren. Dabei gibt es leichte Kompetenzstreitigkeiten zwischen dem Stationsarzt und der AiP. Der Stationsarzt ärgert sich sehr darüber, dass die AiP seine Behandlungsmethode anzweifelt. Der Oberarzt muss diesen "Streit" schlichten und klärt sowohl den Stationsarzt als auch die AiP über Vor- und Nachteile seiner beabsichtigten Behandlung auf. Nach der Besprechung verlässt der Oberarzt die Gruppe wieder und nimmt nicht an der Visite teil.

Patient 6 wird begrüßt, und der Stationsarzt setzt ihm eine Spritze. Danach wendet sich die Gruppe dem nächsten Patienten zu.

Patient 7 wird über seinen Zustand und evtl. auftretende Komplikationen, die durch die Behandlung auftreten könnten, sehr deutlich durch eine AiP aufgeklärt.

Bei *Patientin 8* gibt es keine Neuigkeiten zu besprechen.

Patientin 9 möchte vom Stationsarzt wissen, welche Behandlungen und Untersuchungen noch anstehen. Sie möchte alles ganz genau erklärt bekommen. Sie ist sehr ungeduldig, weil sie unbedingt nach Hause möchte.

Patient 10 reicht der AiP den Befund einer Untersuchung, den sie sofort durchliest. Dann fragt der Patient, welche Medikamente er bekäme und was diese Medikamente bewirkten. Der Stationsarzt nennt dem Patienten die Namen der verschiedenen Tabletten und erklärt deren Wirkungsweise. Eine der Tabletten ist ihm jedoch unbekannt und so wendet er sich hilfesuchend an die AiP's. Diese sind jedoch ebenfalls überfragt und geben die Frage an die Schwester weiter. Die Schwester weiß nur, dass der Patient dieses Medikament von Anfang an bekommen hat und vermutet, dass er es auf der Station verordnet bekommen hat, auf der er zuvor behandelt wurde. Sie verspricht, sich sofort darum zu kümmern und herauszufinden, um welches Medikament es sich handelt und weswegen es verordnet wurde.

Patient 11 wird durch die AiP in verständlichen Worten über die nachfolgende Behandlung aufgeklärt. Der Patient korrigiert die Ärztin bzgl. des genannten Operationstermins. Dieses kleine Missverständnis wird sofort beseitigt.

Patientin 12 ist recht ungehalten über ihre momentane Situation. Sie fragt den Stationsarzt etwas, doch er reagiert kaum. Die Ärzte versuchen der Patientin etwas zu erklären, doch sie versteht kaum etwas davon, da sie sehr aufgeregt ist. Sie hat große Angst vor den geplanten Untersuchungen. Immer wieder unterbricht sie die Ärzte mitten im Satz.

Mit *Patientin 13* spricht der Stationsarzt automatisch lauter, da sie sehr schlecht hören kann. Nachdem der Stationsarzt sie darauf hingewiesen hat, dass die Unterhaltung wesentlich einfacher wäre, wenn sie ihr Hörgerät einsetzen würde, kommt die Patientin dieser indirekten Aufforderung sofort nach.

Da im nächsten Zimmer gerade ein Patient neu aufgenommen wird, beschließen die Ärzte, die Visite in den übrigen Zimmern fortzusetzen.

Patientin 14 wird durch die AiP darüber in Kenntnis gesetzt, dass sie auf eine andere Station verlegt werde, sollte sich der Verdacht einer bestimmten Erkrankung bei ihr nicht bestätigen. Es müssten dann weitere Untersuchungen durchgeführt werden. Diese müssten dann jedoch von Ärzten einer anderen Station angeordnet werden. Die Patientin nimmt die Entscheidung als gegeben hin.

Die AiP spricht sehr ruhig mit *Patientin 15*. Zwischendurch stellt der Stationsarzt ganz gezielt Fragen, die die Patientin umgehend beantwortet. Der Stationsarzt und die AiP flüstern miteinander. Die Patientin spricht den Stationsarzt auf ein Medikament an, dass ihr verordnet wurde. Der Arzt erklärt ihr sofort die Wirkungsweise dieses Medikaments.

Die AiP erklärt *Patient 16* die weiteren Behandlungsschritte. Der Patient kann sich auf diese Erklärung jedoch kaum konzentrieren, da er ziemlich wütend auf den Stationsarzt ist. Dieser ist nicht im Raum, so dass der Patient sich bei der AiP über den Stationsarzt beschwert. Gleichzeitig äußert er jedoch: "Schade, dass Dr. H. jetzt nicht dabei ist." Es stellt sich heraus, dass der Patient, dem ein Bein amputiert werden musste, eigentlich nach einem halben Jahr zu einer Nachuntersuchung ins Klinikum hätte kommen sollen. Der Stationsarzt war hingegen der Ansicht, dass diese Untersuchung überflüssig sei. Durch Zufall wurden bei dem Patienten nun Krankheitszeichen entdeckt, die bei einer Nichtbehandlung dazu geführt hätten, dass ihm auch das zweite Bein hätte amputiert werden müssen. Die Untersuchung war gerade noch rechtzeitig, um dies zu verhindern. Während der Patient noch Bericht erstattet, betritt der Stationsarzt das Zimmer. Nachdem der Patient sich durch Verständnisbekundungen und Entschuldigungen der AiP's ein wenig beruhigt hatte, regt er sich beim Anblick des Stationsarztes erneut auf. Der Stationsarzt möchte etwas zu seiner Verteidigung sagen, doch der Patient lässt ihn überhaupt nicht zu Wort kommen, sondern teilt dem Stationsarzt mit, dass er sich nicht die Mühe machen müsse, sich irgendwelche Ausreden einfallen zu lassen, denn für sein Fehlverhalten gäbe es keine. Der Stationsarzt entschuldigt sich bei dem Patienten und vermeidet jeden weiteren Versuch einer Erklärung.

Patient 17 wird durch die AiP über den weiteren Verlauf der angeordneten Untersuchungen informiert. Vor dem Zimmer hat die teilnehmende Schwester die Ärztin darauf aufmerksam gemacht, dass der Patient zwischendurch essen würde. Er ist Diabetes Patient und darf nur nach einem festgesetzten Diätplan essen. Die AiP fragt den Patienten, ob er vielleicht zwischendurch Hunger habe und ab und zu schon einmal etwas nebenbei essen würde. Der Patient streitet dies ab. Der Patient scheint großes Vertrauen zu der AiP zu haben und unterhält sich mit ihr. Obwohl er noch eine Operation vor sich hat, die ihm ziemlich viel Angst macht, fragt er die Ärztin nach seinem Entlassungstermin. Sie kann ihm noch kein Datum nennen, versucht aber zumindest ihm die Angst vor der Operation zu nehmen.

Bei *Patient 18* greift die Schwester in das Gespräch ein. Sie gibt den Ärzten Informationen über die Zuckerwerte des Patienten. Der Patient ist ungeduldig und möchte so schnell wie möglich das Krankenhaus verlassen, da er die nächste Vereinssitzung nicht verpassen möchte.

Die Ärzte gehen nun in das Zimmer, in dem zuvor zwei neue Patientinnen aufgenommen wurden.

Patientin 19 wird durch die AiP über die geplanten Untersuchungen in anderen Abteilungen informiert. Die Patientin fragt nach Nebenwirkungen der radiologischen Untersuchung. Die AiP erklärt ihr den genauen Ablauf und mit welchen Nebenwirkungen die Patientin zu rechnen habe. Die Ärzte weisen die Patientin darauf hin, dass sie sich nicht sicher seien, um welche Erkrankung es sich bei ihr handle.

Patientin 20 wird ebenfalls über geplante Untersuchungen in anderen Abteilungen in Kenntnis gesetzt. Die Patientin wirkt etwas beunruhigt, woraufhin die AiP ihr erklärt, dass sie keine Bedenken haben müsse. Die Ärztin fragt die Patientin nach Medikamenten, die sie zur Zeit einnimmt. Die Patientin kann alle Medikamente benennen.

3.3.2 Interviews

Interview geführt mit Dr. H., Stationsarzt am Klinikum der Universität GH Essen:

Welchem Zweck dient die Visite?
Zum einen dient sie einem selbst dazu, sich jeden Tag aufs Neue Aufschluss über das Krankheitsbild des Patienten zu machen, und zum anderen, dass der Patient über sein Krankheitsbild informiert ist. Die Visite dient also dem Informationsfluss.

Ist es Ihnen lieber, wenn Patienten etwas über ihre Erkrankung bzw. deren Behandlung erfahren möchten, oder wenn sie sich nicht allzu ausführlich informieren?
Das kommt drauf an. Wenn die Patienten ein Krankheitsbild haben, wo sie selber intensiv dazu beitragen können, dann ist das wichtig. Bei anderen Krankheiten, wo die eigene Mitarbeit eine geringere Rolle spielt, ist es einem sogar manchmal lieber, wenn sie nicht so informiert sind.
Wie finden Sie heraus, mit welchen Patienten Sie wie sprechen müssen, und fällt es Ihnen leicht sich darauf einzustellen?
Menschenkenntnis.
Wie wichtig ist die Kommunikation zwischen Arzt und Patient generell?
Wichtig.
Was wäre nötig, um die Arzt-Patient-Kommunikation zu verbessern, oder ist sie so wie sie ist ausreichend?
Mehr Zeit als Arzt. Weniger Patienten.
Wirkt sich Kommunikation aus Ihrer Erfahrung in irgend einer Weise auf den Heilungsprozess aus?
Ja.
Hätten Sie gern mehr Zeit für Gespräche mit Patienten?
Ja.
Wie schwierig ist es, eine Verbindung zwischen Experten- und Laienwissen herzustellen?
Mit den Jahren bekommt man das heraus. Das ist einfach ein Erfahrungswert.
Übernehmen Schwestern oder Pfleger manchmal eine Vermittlerrolle?
Ja, leider, manchmal ohne Absprache mit den Ärzten.
Wie meinen Sie das?
Dass wir selbst einfach nicht informiert sind, dass die Schwestern den Patienten etwas gesagt haben und (...)
Also, geht das immer nur in eine Richtung?
Manchmal schon. Manchmal gibt es da Schwierigkeiten, weil auch nicht bei jeder Visite eine Schwester dabei ist.
Gibt es hier Grüne Damen?
Ja.
Auch hier auf der Station?
Ja.
Übernehmen die auch eine Vermittlerrolle?

Nein, das ist ganz eigenständig.
Erhalten Sie durch das Gespräch mit dem Patienten Erkenntnisse über dessen Krankheit bzw. dessen Krankheitsverlauf, die Sie ohne ein Gespräch nicht gewonnen hätten?
Ja, klar.
Erhalten Sie durch das Gespräch mit der Schwester manchmal Informationen über den Patienten, die Sie vom Patienten nicht erhalten hätten?
Ja.
(...) die für die Behandlung auch entscheidend sein könnten?
Ja.
Wie schätzen Sie ab, in wie weit Sie einen Patienten über seine Erkrankung in Kenntnis setzen, sowohl bzgl. des psychischen Zustandes als auch bzgl. der Intelligenz eines Patienten?
Das ist Erfahrung.
Verhalten sich die Patienten Ihnen gegenüber anders als gegenüber dem Chefarzt oder dem Oberarzt?
Nicht sehr viel. Der Unterschied ist eher krasser gegenüber Schwestern.
Wie würden Sie sich das ideale Visitengespräch vorstellen?
Mit dem Patienten alleine in einem Raum, nicht im Mehrbettzimmer, zusammen mit der Schwester und den Kolleginnen, in Ruhe sitzend, nicht stehend.
Ist das durchführbar?
Nein.
Was erwarten Sie von einer Visite?
Dass sie zügig abläuft.
Das bezieht sich aber mehr auf den Ablauf, als auf den Inhalt, oder?
Nein, dass sie zum einen nicht gestört wird, und dass sie den Patienten etwas neues erfahren lässt, und dass die Visite einen medizinisch weiterbringt. Was ich von der Visite nicht erwarte ist, dass man den Patienten alles drei oder vier Mal erzählt.
Woran liegt das denn Ihrer Meinung nach?
Das ist unterschiedlich. Erstens sind die Patienten nervös und können deswegen nicht zuhören. Sie können sich nicht konzentrieren. Die Patienten können es aber vielleicht auch intellektuell nicht verarbeiten. Als Arzt muss man immer ganz genau darauf achten, dass man relativ schnell einschätzen kann, wie viel man einem Patienten erzählt und wie viel nicht.
Warum nehmen so viele Personen an der Visite teil?

Weil es die einzige Zeit am Tag ist, wo sich alle zusammen über den Patienten informieren können: Schwestern und Ärzte. Es muss vormittags sein, weil der Tag halt morgens anfängt und die Stationsärzte und die Chefärzte informiert sein müssen. Damit die Kollegen, die angefangen haben, die PJ'ler, auch was lernen, müssen die halt auch dabei sein, genauso wie Schwestern und Schwesternschülerinnen ebenso wie die Diätschülerinnen, die Diätassistentinnen und auch die Diabetesassistentin, auch die muss dabei sein. Das ist anders nicht zu machen. Unmöglich.
Das dient dann aber eher den Ärzten. Das dient nicht dem Patienten, denn der hat diese Menge an Leuten vor sich, was vermutlich dazu beiträgt, dass er immer nervöser wird.
Ja, das stimmt. Theoretisch könnte man ja genauso auch über jeden Patienten, mit allen Kollegen einzeln sprechen und dann zum Patienten gehen. Das würde dann aber pro Patient eine halbe Stunde dauern. Das heißt, die Visite würde zehn Stunden dauern.

Interview geführt mit Dr. S., Oberarzt am Klinikum der Universität GH Essen:

Welchem Zweck dient die Visite?
Das ist eine gute Frage. (...) Ja. (...) Also sagen wir mal so: Der Ist-Zustand ist sicherlich die Besprechung der Befunde untereinander, also zwischen dem Personal. Sie sollte auch zum Austausch zwischen den Ärzten und dem Pflegepersonal dienen. Und dann die Besprechung der Befunde mit dem Patienten, der Untersuchung des Patienten von bestimmten Teilaspekten, die gerade jetzt relevant sind oder Überprüfung von Befunden, die von anderen vielleicht erhoben worden sind. So sehe ich es.
Ist es Ihnen lieber, wenn Patienten etwas über ihre Erkrankung bzw. deren Behandlung erfahren möchten, oder ist es Ihnen lieber, wenn Patienten sich nicht allzu ausführlich informieren?
Das ist ein heikler Punkt. Die Visite, so wie wir sie derzeit machen oder wie sie üblich ist, sag ich jetzt mal, entspricht sicherlich nicht dem, was dabei herüberkommen soll. Ich glaube, die Interaktion zwischen Ärzten und Patienten sollte auf verschiedenen Ebenen ablaufen. Solche Punkte wie die Information über Krankheiten halte ich sogar für enorm wichtig, also, dass die Patienten sich informieren wollen. Ich glaube nur nicht, dass die Visite dafür der richtige Rahmen ist. Ich glaube, das sollte in Gesprächen mit dem Patienten geschehen. Von daher reicht es in der Regel, wenn einer

von den Kollegen mit dem Patienten bestimmte Punkte die seine Krankheit betreffen in Ruhe bespricht. Das sollte nicht im Rahmen der Visite stattfinden.

Wie schätzen Sie ab, in wie weit Sie einen Patienten über seine Erkrankung in Kenntnis setzen sowohl bzgl. des psychischen Zustandes als auch bzgl. der Intelligenz eines Patienten?

Also, sozusagen wie ich es davon abhängig mache in wie weit ich ihn ... oder wie meinen Sie das?

Ja, also manche sind ja nun nicht psychisch gerade sehr stabil und die haut vielleicht eine Kleinigkeit schon um, wenn man ihnen irgend etwas über die Erkrankung sagt. Andere, die verkraften alles mögliche, oder man nimmt es zumindest an.

Ich denke, da spielen eine ganze Reihe von Dingen mit hinein. Das eine ist natürlich, dass man den Patienten kennen muss, d.h. das ist eine Sache, die man nicht beim ersten Patientenkontakt macht, sondern erst wenn ich etwas mehr über den Patienten weiß und auch das Umfeld kenne. Dazu ein Extrembeispiel: Eine Chefvisite ist kein geeigneter Rahmen, in dem man mit dem Patienten solche Dinge bespricht. Sondern das sind wiederum Dinge, die man davon abkoppeln muss. Dazu muss man sich einmal in Ruhe mit dem Patienten befassen. Am günstigsten wäre es, wenn einer der Ärzte unter vier Augen mit dem Patienten spricht, d.h. dass gegebenenfalls auch der Zimmernachbar, bzw. die Zimmernachbarin nicht dabei ist. Ich glaube, es ist wichtig, dass die Visite nicht die gesamte Arzt-Patient-Interaktion ausmacht, sie nicht ausmachen darf.

Wie schwierig ist es eine Verbindung zwischen Experten- und Laienwissen herzustellen?

Das ist sehr schwierig. Ich glaube, das ist eine Frage der Persönlichkeit desjenigen, der das herüberbringen soll. Es gibt sicherlich Leute, die das gut können, und es gibt Leute, die das wahrscheinlich nie lernen. Das muss ich, glaube ich, so sagen.

Verhalten sich die Patienten Ihnen gegenüber anders als gegenüber beispielsweise dem Stationsarzt?

Ja, das glaube ich schon.

Wenn Sie über die Station gehen, sind es dann 'Ihre' Patienten oder sind es die Patienten des Stationsarztes oder des behandelnden Arztes?

Es sind die Patienten des behandelnden Arztes.

Wie wichtig ist Ihrer Meinung nach die Kommunikation zwischen Arzt und Patient?

Das ist sicherlich abhängig vom jeweiligen Krankheitsbild. Ich glaube, dass es für chronische Kranke eine entscheidende Rolle spielt. Für akute Krankheiten, also z.B.

einen schweren Infekt, der mit Antibiotika behandelt werden kann und danach ist alles wieder in Ordnung, da spielt es wohl keine so große Rolle. Natürlich ist es auch dabei notwendig, dass man vernünftig interagiert, aber da glaube ich, ist es nicht so entscheidend. Wirklich entscheidend ist es bei allen Krankheitsbildern, die die Patienten über einen längeren Zeitraum beeinträchtigen, beschäftigen oder wie auch immer. Und ich glaube, dafür brauchen wir auf jeden Fall bessere Konzepte. Wir haben ab heute Abend und morgen ein Seminar, das wir zu dritt gestalten, mit zwei Psychologen, wo es um das Thema Endokrinologie und Psychologie geht. Im Grunde genommen geht es dabei um Patienten mit Hypophysenerkrankungen, also Tumoren in der Hirnanhangdrüse, die auch recht schwerpunktmäßig auf Station betreut werden. Im Grunde bauen wir da ein Konzept und sagen, es gibt bestimmte Krankheitsphasen: Also, es gibt den Zeitraum, wo der Patient die Diagnose mitgeteilt bekommt. Es gibt den Zeitraum, wo er operiert ist und und und, und es gibt dann irgendwann die Langzeitbetreuung und jede Phase hat ihre eigenen Probleme, und die muss man sich im Grunde genommen klarmachen und die muss man mit dem Patienten besprechen. Man kann da eine Struktur aufbauen, dass man also wirklich sagt, o.k., diese und diese Punkte muss ich in der und der Phase mit dem Patienten besprechen, weil er es selbst vielleicht nicht tut. Es gibt ja manchmal so heikle Punkte. Und ich muss dann auch wirklich in meinem Gesprächsteil medizinische Informationen vermitteln. Ich muss aber eben auch auf Probleme des Patienten konkret eingehen oder auch auf die Frage, wie nimmt er diese medizinische Information, die ich ihm gebe jetzt auf. Das ist so der Hintergrund. Ich glaube, da haben wir ein extremes Defizit und das Defizit ist in verschiedenen Bereichen. Das ist das Defizit in der Ausbildung, dass die Leute das nicht gelernt haben. Das Defizit ist aber auch im einfachen Zeitablauf, d.h. die Zeit ist oft nicht da, um das auch wirklich in Ruhe so zu machen. Also, das sind so verschiedene Punkte die zusammenkommen, und ich glaube, das ist ganz entscheidend für Patienten, die in irgendeiner Weise chronisch betroffen sind, weil es da eigentlich mit zur Behandlung gehört. Ich glaube, dass ein Patient, der das selbst nicht verstanden hat und nicht weiß, worum es geht, dass der langfristig wesentlich schwerer zu führen ist, was seine Krankheit betrifft. Wenn irgendwas mal nicht so läuft, wie es sich alle wünschen.

Indirekt war das eigentlich schon die Antwort auf die nächste Frage. Wirkt sich Kommunikation in irgend einer Weise auf den Heilungsprozess aus?
Ja, ich denke, also, in diesen Punkten auf jeden Fall.

Erhalten Sie durch das Gespräch mit dem Patienten Erkenntnisse über dessen Krankheitsverlauf oder über die Krankheit überhaupt, die Sie ohne ein Gespräch nicht gewonnen hätten?
Ja, doch.
Hätten Sie gerne mehr Zeit für Gespräche mit Patienten oder ist die Zeit ausreichend?
Na ja, das ist die Sache, die wir im Prinzip angesprochen haben. Ich glaube nicht, dass es im Rahmen dieser Visite sehr sinnvoll ist, wesentlich länger zu sprechen, weil es eine Sondersituation ist.
Und wie sehen Sie das insgesamt?
Insgesamt denke ich, ja. Insgesamt wäre es sicher sinnvoll, wenn man bestimmte Probleme einfach noch einmal ausführlicher mit den Leuten besprechen könnte.
Was wäre nötig um die Arzt-Patient-Kommunikation zu verbessern?
Wie soll man das am besten beschreiben? Ich glaube, der eine Punkt ist, dass die Leute in diesem Bereich keine entsprechende Ausbildung mitbringen. Das ist ein Punkt. Und damit hängt es ein bisschen von der Persönlichkeit ab. Einer kann es und der andere kann das halt überhaupt nicht. Ein anderer Punkt ist sicherlich der Stellenwert, den dieser Punkt insgesamt hat. Für unsere Hypophysenpatienten[121] versuche ich z.B. durchzusetzen, dass wir so weit kommen, dass wenn ein Patient entlassen wird, es genauso wichtig ist, ob dieser oder jener Test gelaufen ist, wie dass dieser und jener Aspekt mit dem Patienten klar und ausführlich besprochen worden ist. Und das ist ein Punkt, der glaube ich, nicht zum Medizinischen gehört. Es ist zwar selbstverständlich, dass man diese und jene Untersuchung macht, weil das einfach dazugehört, aber es ist eigentlich nicht selbstverständlich, dass man sagt: Ist das auch in der entsprechenden Form mit dem Patienten besprochen worden? Dazu wäre es notwendig, klare Inhalte zu definieren, denn auch das ist sicherlich krankheitsspezifisch zu betrachten. Genau wie ich mit einem Patienten, bei dem ich eine Therapie beginne, besprechen muss, welche Nebenwirkungen auftreten können oder wie die Behandlung abläuft, welche Kontrolluntersuchungen notwendig sind, so muss ich auch ganz klar verlangen, dass mit dem Patienten in entsprechender Form gesprochen wird, bevor er das Krankenhaus wieder verlässt.
Wie würden Sie sich das "ideale" Visitengespräch vorstellen?

---

[121] Hypophyse = Hirnanhangsdrüse

Also, ich meine, das ist immer die Frage: Was ist Visite? Also, ich glaube, die Visite ist für diese Aspekte, über die wir jetzt gesprochen haben, und die wirklich das Arzt-Patienten-Gespräch bzw. das Arzt-Patienten-Verhältnis betreffen keine sehr geeignete Maßnahme. Die Visite ist eben ein Austausch der verschiedenen Beteiligten, d.h. ich finde es ganz sinnvoll, dass eine Schwester mitgeht, und dass man über Probleme spricht, die es von der Pflegeseite her gibt. Bei der Chefvisite gehen bei uns in der Regel die Ernährungsberaterin und die Diabetesschwester mit. Dieser Austausch der verschiedenen Berufsgruppen, den halte ich bei einer Visite eigentlich für wichtiger als das Gespräch mit dem Patienten, denn da muss man sagen, kommt relativ wenig herüber. Und je weiter das nach oben geht, desto weniger kommt herüber. So eine Chefvisite geht ja in vielen Bereichen an der Realität vorbei. Das heißt nicht, dass ich sie für unsinnig halte. Ich glaube, dass sie trotzdem nötig ist, aber sie hat einen anderen Hintergrund, und sie hat nicht das Ziel, ein gutes Arzt-Patient-Verhältnis herzustellen. Das muss auf einer anderen Ebene ablaufen und deswegen glaube ich, braucht man verschiedene Situationen, wo das Arzt-Patienten-Gespräch abläuft. Das eine ist die Visite und das andere ist etwas, was man davon abkoppeln sollte.
Warum nehmen so viele Personen an der Visite teil?
Ich meine, man kann natürlich sagen, ich setze mich ins Zimmer und spreche die Befunde durch, aber ich denke, man braucht auch den Kontakt und man braucht schon auch die Möglichkeit mal nachzufragen. Das gilt sowohl für den Chef als auch für mich, wenn ich Visite mache. Es gibt einfach so bestimmte Schilderungen von Beschwerden oder andere wichtige Punkte, die man sich einfach noch mal vom Patienten erzählen lassen will. Deswegen halte ich es auch für wichtig, dass dieser Austausch der verschiedenen Gruppen nicht unbedingt nur am Tisch stattfindet, sondern schon auch in Anwesenheit des Patienten.

Interview geführt mit Prof. Dr. H., Oberarzt am Klinikum der Universität GH Essen:

Welchem Zweck dient die Visite?
Das ist sehr allgemein gefragt. Also, erstens, dass der Arzt sich über den Zustand des Patienten informiert. Wir wollen ja eine gewisse Information über den Verlauf. Und zweitens, dass wir dem Patienten ein gutes Gefühl geben. Wir müssen ja auch kommunizieren, weil das Prinzip Hoffnung hier an erster Stelle steht. Egal wie die Lage ist, man muss dem Patienten immer schon auch das Gefühl geben, dass man sich um

ihn kümmert, und dass auch irgendwas in Sicht ist, was positiv auf den Patienten wirkt, einen Ausblick oder wie Sie das auch immer nennen wollen. Perspektive. Also, wir wollen sachlich Informationen und dafür geben wir eine Perspektive. So kann man diese zwei Ziele vielleicht beschreiben.

Ist es Ihnen lieber, wenn Patienten etwas über ihre Erkrankung bzw. deren Behandlung erfahren möchten, oder ist es Ihnen lieber, wenn Patienten sich nicht allzu ausführlich informieren?

Besser ist es, wenn Sie etwas erfahren wollen.

Wie schätzen Sie ab, in wie weit Sie einen Patienten über seine Erkrankung in Kenntnis setzen, also sowohl bzgl. des psychischen Zustandes als auch bzgl. der Intelligenz eines Patienten?

Wie man das abschätzt? Teilweise macht man das wahrscheinlich unbewusst. Da gibt es ein einfaches Beispiel: Sie beobachten wie jemand geht. Da gibt's den, der die großen Schritte macht. Dem können Sie nicht sagen: Zuerst machen wir ein EKG, dann machen wir ein Röntgenthorax, usw., sondern dem muss man sagen: Eine Woche lang werden wir einiges abklären und dann machen wir das und das. Dann gibt es den kleinschrittigen Mathematiklehrer oder sonst etwas. Dem sagen wir dann: Wir brauchen ein EKG, wir brauchen ein Röntgenthorax, wir brauchen ein Herzecho, wir brauchen dann vielleicht noch das und das. Wir brauchen also a, b, c, d, e, und wenn wir das haben, dann bilden wir uns eine Meinung und dann können wir ihm a) sagen, ob man eventuell noch einen Herzkatheder setzen muss oder b) sagen, er muss operiert werden. Also, dem würde man dann die kleinen Schritte aufzeigen. Dem anderen würde man einen großen Rahmen geben. Also, das ist schon sehr wichtig und ist sehr individuell zu handhaben. Die psychischen Faktoren sind natürlich auch zu berücksichtigen. Was jeder einzelne verkraftet ist sehr unterschiedlich. Dem einen wird wirklich ein grober Schlag verpasst. Also, nach dem Motto: Wenn Sie Ihr Leben nicht ändern, ist es bald zu Ende. Dem anderen würde man eher sagen: Es sind ein paar leichtere Umstellungen angebracht. Es gibt da so ein gewisses Spektrum.

Wie schwierig ist es, eine Verbindung zwischen Experten- und Laienwissen herzustellen?

Das ist nicht schwer. Wir fragen den Patienten, was er wissen will und dann kann man es ihm ja übersetzen. Wenn man es selber weiß, ist es eigentlich der leichteste Teil. Schwieriger ist eigentlich, dass es sich um unterschiedliche Menschen handelt. Was ich vorher bereits gesagt habe: der eine, der ist so ein "Brösler", der will das detailliert wissen und der andere ist z.b. Chirurg. Wenn der so "bröselig" anfangen würde, dann wäre er nicht Chirurg geworden.

Verhalten sich die Patienten Ihnen gegenüber anders als gegenüber beispielsweise dem Stationsarzt?

Sie meinen, weil ich Professor bin, oder so?

Ja, auch, und Oberarzt.

Man sieht die Patienten ja nicht so oft wie der Stationsarzt. Der Stationsarzt hat in der Regel näheren bzw. intensiveren Kontakt. Das kann man schon sagen.

Wenn Sie über die Station gehen, sind es dann "Ihre" Patienten oder die Patienten des Stationsarztes?

Ja, wenn Sie es so nehmen wollen, sind es eher die Patienten des Stationsarztes.

Wie wichtig ist die Kommunikation zwischen Arzt und Patient überhaupt?

Die ist sehr wichtig. Das ist das A und O. Wenn die nicht miteinander kommunizierten, würde es nie eine vernünftige Behandlung geben. Gerade in der inneren Medizin ist das sehr wichtig. Beim Chirurgen ist es ziemlich egal. Der muss den Patienten operieren und der muss im Prinzip nicht mit ihm reden. Wenn er "es" gut operieren kann, dann wäre Kommunikation nicht so notwendig.

Was wäre nötig, um die Arzt-Patient-Kommunikation zu verbessern, oder ist sie so wie sie ist ausreichend?

Es gibt nichts, was man nicht verbessern könnte. Was wäre notwendig? Das ist immer schwierig zu sagen. Was meistens notwendig ist, auf beiden Seiten: gesunder Menschenverstand. Das ist das, was am meisten fehlt.

Wirkt sich Kommunikation in irgendeiner Weise auf den Heilungsprozess aus?

Ich denke doch, ja. Einer der gut informiert ist, und ein bisschen weiß, worauf es ankommt, der kann erstens besser mitarbeiten, und zweitens ist es wichtig, die Kommunikation so zu machen, dass man eben nicht nur die ganzen Probleme aufzeigt, sondern auch Lösungsmöglichkeiten anbietet. Nicht nur eine Latte von Problemen, von Krankheiten, sondern die Informationen gibt, was der Patient auch selbst verbessern kann oder wie es dann auch besser wird und was er selber für einen Anteil hat.

Erhalten Sie durch das Gespräch mit dem Patienten Erkenntnisse über dessen Krankheitsverlauf, die Sie ohne ein Gespräch nicht gewonnen hätten?

Ja, z.B. wie er das Ganze selbst einschätzt.

Hätten Sie gern mehr Zeit für Gespräche mit Patienten oder ist die Zeit ausreichend?

Ich denke, so im Großen und Ganzen geht es bei uns noch relativ gut. Wir sind ja auch nicht unter so extremem wirtschaftlichen Druck, wie einer, der in einer Praxis

100 Leute pro Tag hat. Das haben wir ja hier nicht. Also hier ist das, denke ich, noch besser möglich, als draußen an vielen anderen Stellen oder auch in Häusern, die wirklich sehr knapp besetzt sind. Wir haben ja doch personalmäßig noch etwas Luft, obwohl es auch bei uns schlechter geworden ist. In den letzten zehn Jahren haben sich auch hier im ambulanten Bereich die Patientenzahlen bei gleichem Personalstand, Ärzte und Pflegepersonal, verdoppelt, so dass sich damit natürlich auch die Zeit pro Patient beschneidet.

Wie würden Sie sich das ideale Visitengespräch vorstellen?

Das hängt immer von den beiden Beteiligten ab. Ich denke, da kann man von außen keine Struktur vorgeben. Es sind zwei Komponenten: Der Arzt muss irgend eine Art von Information gewonnen haben. Am besten er überlegt vorher, was er wissen will und was er braucht, und der Patient muss irgendwie die Perspektive haben. Das muss aber auch der Doktor vorher überlegen, dass er den Patienten nicht nur ausfragt und dann kommt nichts zurück, sondern dass der Patient auch seine Fragen stellen kann, und dass dann ein positiver Plan herüberkommt, wie es weitergehen soll.

D.h., es ist vom Arzt gesteuert.

Bei den meisten, denke ich, ist es vom Arzt gesteuert. Ich glaube, es gibt nur wenige Patienten, die in der Situation noch so stark sind und die Führung übernehmen und den Arzt intensiv ausfragen. Sie würden dann natürlich auch Informationen bekommen, aber sagen wir mal in 90 % der Fälle ist es eher der Arzt und in 10 % der Fälle sind die Patienten so dominant, dass die das führen und an sich ziehen. Worauf es ankommt ist, dass man weiß, was man will, und sich das auch vorher überlegt. Das kann man schon schulen, aber das wichtigste ist, dass man sich dessen bewusst ist, und dass man nicht einfach hingeht, um ein Plauderstündchen zu halten. Das ist kein Kaffeekränzchen, sondern das hat einen gewissen professionellen Auftrag. Ein zweites Extrem wäre, dass man nur die sachliche Information gewinnt, dass man quasi einen Fragenkatalog abhakt. Wir sind schließlich keine Vertreter, die ihren Staubsauger an den Kunden bringen wollen. Selbst wenn man noch so gut und wohlmeinend ist und sich einfühlt, nützt das nichts, wenn man keine sachliche Information dabei gewinnt. Man braucht beide Ebenen. Auf der einen Seite steht die seelsorgerische Komponente und auf der anderen Seite steht die Gewinnung der Sachinformation.

Was erwarten Sie von einer Visite?

Das, was ich gerade bereits gesagt habe. Wir wollen die Information, dass wir den Patienten günstig behandeln können, und dass man weiterkommt, und der Patient muss konkret für sich sehen, wo es langgeht, sonst wird er nicht mitmachen.

Warum nehmen so viele Personen an der Visite teil?
Ich glaube, das hat mehr Tradition. Eines ist sicher, je mehr Personen teilnehmen, um so ineffektiver ist die Visite.

<u>*Interview geführt mit Prof. Dr. M., Chefarzt am Klinikum der Universität GH Essen:*</u>

Welchem Zweck dient die Visite?
Die Visite dient überwiegend dazu, mit dem Patienten ins Gespräch zu kommen, ihn über die Diagnostik und Therapie aufzuklären und zusammen mit den anderen Ärzten das weitere Vorgehen zu besprechen.
Ist es Ihnen lieber, wenn Patienten etwas über ihre Erkrankung bzw. deren Behandlung erfahren möchten, oder ist es Ihnen lieber, wenn Patienten sich nicht allzu ausführlich informieren?
Mir ist lieber, wenn sie etwas wissen wollen.
Wie schätzen Sie ab, inwieweit Sie einen Patienten über seine Erkrankung in Kenntnis setzen, sowohl bzgl. des psychischen Zustandes als auch bzgl. der Intelligenz eines Patienten?
Ich versuche mit einigen Worten herauszufinden, wie ich ihn ungefähr einschätzen muss und dann versuche ich mit möglichst einfachen Worten, ihm alles so zu erklären, dass er es auch selber versteht. Ich versuche einfach aufgrund des Eindrucks, den ich von ihm habe, und so wie ich auf ihn zugehe, herauszufinden, welche Worte ich wählen muss. Ich frage die Patienten auch sehr oft, welchen Beruf sie haben.
Wie schwierig ist es eine Verbindung zwischen Experten- und Laienwissen herzustellen?
Das ist aus meiner Sicht relativ einfach. Wenn man sich sozusagen nicht hinter seinem Fachlatein verschanzt, sondern wenn man in einfachen Worten mit den Leuten spricht.
Verhalten sich die Patienten Ihnen gegenüber anders als gegenüber beispielsweise dem Stationsarzt?
Sicher verhalten die sich anders.
Wie macht sich das bemerkbar?
Zunächst ist die Distanz etwas größer, weil ich die Patienten natürlich nicht so gut kenne, weil ich sie manchmal auch nur einmal sehe. Außerdem erwarten sie von mir natürlich so ein gewisses autoritäres Urteil, sozusagen die entscheidende Übersicht,

dass letztendlich die eine oder andere Entscheidung von mir abhängt. Die Ärzte berichten mir ja über diesen gesamten Zusammenhang und meistens ist es ja so, dass ich die ganze Geschichte kenne, die inhaltlichen Dinge alle besprochen sind, bevor wir zu den Patienten gehen. Anschließend verschaffe ich mir dann bei dem Patienten einen persönlichen Eindruck, um alles richtig einzuschätzen - auch was die Ärzte mir erzählen - um dem Patienten dann adäquat einen Rat zu geben, oder zu sagen, wir machen das so oder so. Um herauszufinden, was der Patient will oder nicht will. Da mache ich mir manchmal auch einfach durch eigene Worte noch mal ein Bild, um zu überprüfen, ob das, was mir z.b. die Stationsärzte erzählen, ob das auch richtig ist, denn ich kann natürlich auch nicht alles für bare Münze nehmen. Ich muss mir natürlich in kurzer Zeit ein eigenes Bild davon machen, ob das alles so richtig läuft. Ich kontrolliere natürlich auch die Befunde. Ich kontrolliere die Anamnesen. Ich frage die Ärzte auch darüber aus, warum sie sich etwas so gedacht haben, um praktisch eine Prüfungsinstanz zu haben, ob das richtig ist, was da läuft.

Wenn Sie über die Station gehen, sind es dann 'Ihre' Patienten oder sind es die Patienten des behandelnden bzw. des Stationsarztes?

Also, ich sehe uns als Team. Das Team hat mehrere Kräfte, von der Schwester bis zum Chef. Das ist ein Patient des Teams. Das ist nicht ein Patient des Stationsarztes, sondern jeder hat in diesem Team seine Funktion.

Wie wichtig ist Ihrer Meinung nach die Kommunikation zwischen Arzt und Patient?

Sehr wichtig.

Wirkt sich Kommunikation in irgend einer Weise auf den Heilungsprozess aus?

Ja, auf jeden Fall, denn wenn der Patient klar weiß, wo es hingeht, man ihm klare Empfehlungen gibt, er Vertrauen hat, dass das richtig ist, was man vorhat mit ihm, dann hat der eine völlig andere Situation, als wenn er das Gefühl hat, dass da alles schief geht. Das klappt nicht. Die wissen selber nicht, was sie wollen. D.h. wenn der Patient nicht klar sieht, wie sein Weg ist, und wie man ihm helfen kann, dann ist es sicher für ihn auch psychisch belastender und die Heilung ist sicher dann nicht so gut, als wenn er klar weiß, wo es langgeht. Ich glaube schon, dass das Einfluss hat. Das ist aber natürlich schwer messbar, denn wir denken ja sonst in allen unseren Dingen, die wir so tun, darüber nach, ob es dazu Studien gibt und ob das untersucht ist. Das muss statistisch überprüfbar sein. Das muss nachvollziehbar sein, und solche Aussagen sind natürlich ein Eindruck und keine wissenschaftliche Arbeit bzw. kein wissenschaftlicher Beleg. Das ist schwierig. Also, das ist nicht beweisbar.

Erhalten Sie durch das Gespräch mit dem Patienten Erkenntnisse über dessen Krankheitsverlauf, die Sie ohne ein Gespräch nicht gewonnen hätten?
Also, ohne Gespräch kann man überhaupt keinen Patienten behandeln.
Hätten Sie gerne mehr Zeit für Gespräche mit Patienten oder ist die Zeit ausreichend?
Prinzipiell hätte ich gerne mehr Zeit dafür, aber ich würde meinen, wenn man Erfahrung hat, dass man auch in kurzer Zeit die wesentlichen Dinge herausarbeiten kann und auch wichtige Entscheidungen treffen kann. Man muss nicht alles endlos besprechen. Man kann auch manche Entscheidungen sehr rasch treffen.
Was wäre nötig, um die Arzt-Patient-Kommunikation zu verbessern oder ist sie so wie sie ist ausreichend?
Auch als Chef könnte man z.B., wenn es einem die Zeit erlauben würde, noch öfter Visite machen. Den Patienten im Verlauf der Woche also öfter sehen, nicht nur einmal die Woche. Es gibt ja Chefs, die sehen die Patienten nur alle zwei Wochen. Es gibt aber auch Chefs, die sehen die Patienten zweimal täglich. Meine eigenen Patienten auf der Station oben, die sehe ich zweimal täglich, d.h. zu denen habe ich natürlich noch ein engeres Verhältnis und habe auch noch einen direkteren Einfluss auf die ganze Organisation und Führung und so. Das sind sozusagen noch mehr meine eigenen Patienten als die, bei denen ich sozusagen nur als Überwachungsinstanz da bin. Aber das kann man eben nur schwerpunktmäßig machen.
Wie würden Sie sich das ideale Visitengespräch vorstellen?
Das ideale Visitengespräch ist, wenn man alle wesentlichen Informationen vorher hat. Das heißt, dass man sich nicht im Patientenzimmer über technische Befunde unterhält, sondern dass man auf den Patienten zugeht, ihn fragt wie es ihm geht, ihn anschaut ihn möglicher Weise untersucht und dann mit allen Befunden, die man im Kopf hat, ein Gespräch führt. Das führt dazu, dass der Patient hinterher Klarheit hat, wie die nächsten Schritte sind, wie man ihn therapieren will und was man mit ihm vorhat.
Wäre das auch durchführbar?
Das ist durchführbar, und ich würde sagen, dass es in bestimmtem Umfang auch so durchgeführt wird. Also, ich bilde mir ein, dass ich das so mache. Ob mir das immer so gelingt oder ob es auch Pannen dabei gibt, das kann ich so nicht sagen. Manchmal läuft nicht alles immer ganz reibungslos und manchmal tritt auch bestimmt eine Schwäche auf, aber prinzipiell habe ich das grundsätzlich bei jedem Patienten so vor,

bevor ich ins Zimmer reingehe. Das heißt, ich will mit dem Patienten sprechen und nicht über den Patienten sprechen.

Warum nehmen so viele Personen an der Visite teil?

Weil das ein Team ist, von dem alle gleichzeitig den gleichen Informationsstand haben sollen. Zum anderen, weil die Chefvisite natürlich auch eine bestimmte Ausstrahlung haben soll. Von der Schwester bis zum Oberarzt soll sich jeder angesprochen fühlen und sich um den Patienten kümmern. Jeder muss Bescheid wissen, d.h. dass die sich auf eine Visite auch in entsprechender Weise vorbereiten müssen, damit sie in dieser Phase auch etwas dazu beitragen können. So kann ich z.b. zur Diätberaterin sofort sagen: Der Patient braucht das und das. Können Sie sich mal darum kümmern? Zur Schwester kann ich sagen: Schauen Sie mal her! Das Bett sollte aber nicht schon abgezogen sein, wenn der Patient noch gar nicht entlassen ist. Falls ich die Putzfrau sehe, kann ich ihr sofort sagen, dass da irgendwo das alte Blumenwasser noch herumsteht. Dann kann ich allen gleichzeitig, ohne dass ich den Leuten hinterherlaufe, sofort sagen, was zu tun ist. Natürlich kann ich auch im Zwiegespräch oder im Dreigespräch zwischen Diabetesschwester, Oberarzt, Assistenzarzt, usw. sagen: Ach, lassen wir die Küchenfrau doch einmal dazu kommen, damit die Küchenfrau auch weiß, der Patient hat heute das falsche Essen bekommen. Damit man sozusagen schnell Transparenz bekommt und alle gleichzeitig informiert sind. Deswegen ist es meiner Meinung nach so eine große Gruppe. Hinzu kommen dann natürlich noch die Studenten und die Famulanten und wer noch alles dazu gehört. Die sollen schließlich nicht nur Blut abnehmen bei den Patienten, sondern die sollen letztendlich auch über den Sinn der Behandlung und den Plan für den Patienten informiert sein. Sie sollen also quasi einen kurzen Extrakt erhalten, wenn einem so ein Patient vorgestellt und dann alles wesentliche dazu gesagt wird. Dann haben die Studenten auf einen Schlag ja auch alle Informationen, während sie sonst bei 24 Patienten immer drei Viertel wieder vergessen haben. Die Studenten haben ja sonst nie den ganzen Komplex des Patienten so vor sich. Wenn aber der Stationsarzt den Patienten vorstellt, darüber berichtet, man diskutiert und dann mit dem Patienten spricht, dann erfährt man, was mit dem Patienten heute so los ist. Das kriegen alle mit. Deswegen ist das gut, wenn das so eine große Gruppe ist.

Aus Sicht des Patienten sieht das aber vermutlich etwas anders aus, meinen Sie nicht?

Für den Patienten ist es natürlich manchmal ein bisschen erschreckend, dass da so viele Leute da sind, aber letztendlich habe ich nicht den Eindruck, dass Patienten damit wesentlich verschüchtert werden. Es ist natürlich so, dass manche Gespräche nicht in der großen Visite zustande kommen, und dass die Patienten sich da auch nicht trauen, den Mund aufzumachen. Bestimmte Dinge kommen auch nur im Zwiegespräch und bei der Abendvisite zur Sprache, wenn der Stationsarzt noch mal durchgeht und mit dem Patienten noch mal drei Worte redet. Er fragt den Patienten dann vielleicht: Was ist denn mit Ihnen, warum schauen sie denn heute so traurig? Manchmal rücken die Patienten dann erst mit der Sprache heraus. Deswegen muss man das auch mischen. Es muss eine Visite geben vom Chef. Es muss eine Visite geben vom Stationsarzt. Es muss eine Abendvisite geben, bei der man noch mal für die Nacht schaut, was mit dem Patienten los ist und es muss eine Oberarztvisite geben. Diese Etagen von Visiten sind sozusagen dazu angetan auf jeder Ebene möglichst viele Informationen zu bekommen oder weiterzugeben.

Eine Frage habe ich noch. Sie bezieht sich aber eigentlich eher aufs Studium. Gibt es theoretische Grundlagen zur Visite?

Was meinen Sie mit theoretisch?

Während des Studiums wird die Visite doch quasi praktisch geübt aber es gibt nichts theoretisches dazu, oder?

Nein. Wir machen ein sogenanntes Praktikum der inneren Medizin und da werden drei Patienten für 1 ½ Stunden ausgewählt. Dann werden diese Patienten von den Studenten nachmittags angesehen. Die Studenten untersuchen die Patienten komplett. Sie bekommen die komplette Akte. Sie machen die komplette Anamnese und ein zweiter Student bereitet sich theoretisch auf das Krankheitsbild vor. Dann kommt am nächsten Morgen der Patient in die Vorlesung, und dann mache ich sozusagen den Moderator. Ich hole sozusagen aus dem Patienten was heraus, lasse aber die Studenten die ganze Anamnese und die Untersuchung machen und lasse sie das alles berichten. Korrigiere sie nur, wenn etwas falsch ist, oder wenn ich zusätzlich etwas weiß, oder wenn ich selbst dabei noch etwas herausfrage. Anschließend präsentiert der zweite Student etwas allgemeines, was man sich merken soll oder was man über das Krankheitsbild wissen soll. Das kommentiere ich dann auch wieder selbst oder zeige selbst noch Dias oder Folien dazu, so dass das komplett ist. So wird in einer halben Stunde von der praktischen Tätigkeit am Bett, wie Anamnese und Untersuchungsbefund, bis hin zur Präsentation des Krankheitsbildes, bis hin zur Korrektur und zur theoretischen Abhandlung über dieses Krankheitsbild, alles präsentiert.

Das ist dann aber doch eher eine praktische Angelegenheit. Es gibt aber nichts nachzulesen über die Visite, oder?

Ein Buch zur Visite? (...) Es gibt Bücher wie "Der diagnostische Blick", oder es gibt Bücher wie "Anamnese und Untersuchung", aber sagen wir mal, ein Buch direkt zur Visite, nach dem Motto, "Wie sollte eine Visite sein?" oder "Was ist der Sinn der Visite?" Da wäre mir jetzt akut kein Buch geläufig.
Man lernt also im Prinzip nur durch praktische Übung.
Ja, und vom Vorbild natürlich.
Wenn man nun aber ein schlechtes Vorbild hat, dann übernimmt man das auch dementsprechend.
Ja, natürlich.

3.4 Vergleich der Visiten in Dresden und Essen

Bevor ich zum eigentlichen Vergleich der Visiten in Dresden und Essen komme, möchte ich noch einige Anmerkungen zu den beiden Stationen machen.

Obwohl die Ausstattung der Zimmer an beiden Kliniken ähnlich ist – u.a. Fernseher in allen Zimmern, Telefon an jedem Bett – wirkt die Dresdener Station insgesamt freundlicher. Die Wände sind hell gestrichen, an den Fenstern hängen bunte Vorhänge und alle Betten sind mit gelber Bettwäsche ausgestattet. In Essen hingegen wirkt alles recht trist. Die Wände sind grau und die Betten sind mit weißer Bettwäsche bezogen.

An beiden Kliniken gibt es keine festen Besuchszeiten mehr.

Wenn es die Zeit zulässt, setzen sich Ärzte (auch der Chefarzt) und Schwestern in Dresden nach der Visite in einem kleinen Raum auf der Station zusammen und nehmen gemeinsam ein zweites Frühstück ein. Die Patienten werden in dieser Zeit nicht "ausgesperrt", sondern haben immer die Möglichkeit, sowohl die Ärzte als auch die Schwestern anzusprechen.

3.4.1 Vergleich des Verlaufs der Visiten in Dresden und Essen

Während sich die Ärzte am Dresdener Klinikum vor dem Beginn der Visite im Zimmer des Stationsarztes zusammensetzen und die neuesten Untersuchungsergebnisse und den momentanen Gesundheitszustand aller Patienten durchsprechen, gehen die Ärzte am Klinikum Essen nur knapp auf Besonderheiten bei einzelnen Patienten ein.

Während der Dresdener Stationsarzt sich vor jedem Zimmer noch einmal kurz mit den Kollegen über weitere Behandlungsmaßnahmen austauscht, um dies nicht im

Zimmer vor den Patienten besprechen zu müssen, wird zwar in Essen auch eine solche Besprechung abgehalten, doch finden dort regelmäßig im Zimmer Besprechungen über den jeweiligen Patienten in dessen Anwesenheit statt.

Während der Dresdener Stationsarzt sehr selten einen Blick in die Patientenakte werfen muss, um Patienten Auskunft über ihre jeweiligen Werte bzw. Untersuchungsergebnisse geben zu können, ist ein Blick in die Patientenakte in Anwesenheit des Patienten bei der Visite in Essen die Regel.

Während der Stationsarzt in Dresden sich nicht anders auf die Chefvisite vorbereitet hat, als auf die von ihm durchgeführten Visiten, versuchte der Stationsarzt in Essen vor der Chefvisite alles auswendig zu lernen, um nicht in Anwesenheit des Chefarztes in die Patientenakte blicken zu müssen.

Während in Dresden immer mindestens eine Schwester die Visite begleitete, war dies in Essen eher die Ausnahme.

Visite in Dresden

	Montag	Dienstag	Mittwoch	Donnerstag	Freitag
Beginn der Visite	10:21 Uhr	08:58 Uhr	10:07 Uhr	08:27 Uhr	08:35 Uhr
Ende der Visite	11:00 Uhr	10:35 Uhr	11:01 Uhr	09.19 Uhr	09:29 Uhr
Dauer der Visite insgesamt	0.39 h	1.37 h	0.54 h	0.52 h	0.54 h
Dauer der Visite pro Patient (Durchschnitt)	2.20 Min	3.24 Min	2.59 Min	2.36 Min	1.57 Min
kürzeste Visite	1.44 Min	2.17 Min	0.36 Min	0.11 Min	0.37 Min
längste Visite	3.00 Min	5.18 Min	4.25 Min	6.32 Min	3.22 Min

	täglich
Dauer der Visite (Durchschnitt)	1 h
Dauer der Visite bei jedem Patienten (Durchschnitt)	2.39 Min

Visite in Essen

	Montag	Dienstag	Mittwoch	Donnerstag	Freitag
Beginn der Visite	10:10 Uhr	10:42 Uhr	09:59 Uhr	10:24 Uhr	10:00 Uhr
Ende der Visite	12:08 Uhr	13:13 Uhr	12:21 Uhr	12:46 Uhr	12:40 Uhr
Dauer der Visite insgesamt	1.58 h	2.31 h	2.22 h	2.22 h	2.40 h
Dauer der Visite pro Patient (Durchschnitt)	3.18 Min	3.38 Min	3.24 Min	5.17 Min	5.03 Min
kürzeste Visite	0.22 Min	0.55 Min	1.08 Min	1.34 Min	0.28 Min
längste Visite	11.49 Min	6.50 Min	7.20 Min	9.44 Min	7.38 Min

	täglich
Dauer der Visite (Durchschnitt)	2.23 h
Dauer der Visite bei jedem Patienten (Durchschnitt)	4.08 Min

Auch wenn ein direkter Vergleich durch die etwas unterschiedlichen Patientenzahlen nicht möglich ist, zeigen sich in diesem Vergleich doch ganz gravierende Zeitunterschiede. Die Zeit, die der Arzt jedoch im Gespräch mit dem Patienten verbringt, sagt nichts über dessen Qualität aus. So kann ein kurzes Gespräch mit dem Patienten manchmal zu eindeutigeren Ergebnissen führen, als ein Gespräch, das doppelt so lang dauert. Es kommt dabei sowohl auf die Gesprächsführung als auch auf die Vorbereitung auf dieses Gespräch an.

3.4.2 Vergleich der Interviews

Die Interviews habe ich mit dem Einverständnis der interviewten Ärzte mit Hilfe eines Diktiergerätes aufgezeichnet und anschließend verschriftlicht. Dabei habe ich versucht, mich möglichst genau an das Gesagte zu halten. Immer war dies nicht praktizierbar, da die Interviews dann nicht mehr lesbar gewesen wären. Sprechpausen habe ich durch "(...)" gekennzeichnet. Weder war es mir möglich, den Oberarzt des Dresdener Klinikums, noch die dortige Stationsschwester für ein Interview zu gewinnen. Auch die Essener Stationsschwester war zu keinem Interview bereit. Alle begründeten ihre Ablehnung mit Zeitmangel.
M. E. sprechen die Interviews insgesamt für sich. Es wird klar erkennbar, dass alle Ärzte der Ansicht sind, es sollte mehr Kommunikation zwischen den Ärzten und den Patienten stattfinden, doch liefern auch alle die selbe Begründung dafür, dass dies nicht stattfindet. Sie halten mangelnde Kommunikation hauptsächlich für ein Zeit-

problem. Dies ist zwar nicht widerlegbar, es ist jedoch nicht das ausschließliche Problem, worauf ich in Kapitel 4 noch einmal hinweisen werde.

Beide Chefärzte haben sehr ähnliche Erwartungen bzgl. der Durchführung der Visite durch den Stationsarzt geäußert. Beide möchten durch den Stationsarzt bzw. den behandelnden Arzt eine komplette Vorstellung des Patienten vor dem Patientenzimmer erhalten. Wie sich bei dem Verlauf der Chefvisiten zeigt, wurden die Erwartungen des Dresdener Chefarztes grundsätzlich erfüllt, die Erwartungen des Essener Chefarztes hingegen nicht.

3.4.3 Fazit

Ich möchte an dieser Stelle anmerken, dass ich darauf verzichtet habe, die ausgewerteten Fragebögen als statistische Datenerhebung in diese Untersuchung mit einfließen zu lassen. Wie bei vielen Untersuchungen zuvor zeigt sich, dass die Patienten den Zeitraum des Visitengesprächs bis auf wenige Ausnahmen als wesentlich länger (5-10 Minuten) einschätzen als er tatsächlich ist. Die Ärzte schätzen den Zeitraum zwar etwas kürzer ein, das kann jedoch daran liegen, dass sie durch zahlreiche andere Untersuchungen sensibler auf diesen Punkt reagieren. Grundsätzlich zeigen sich keine Unterschiede bei der Befragung in Dresden und Essen. Die Frage "Stellen Sie während der Visite konkrete Fragen an den Arzt?" beantworteten fast alle Patienten mit "ja".[122] Würde man diese Antwort ohne das Hinzuziehen der Visitenbeobachtung so stehen lassen, könnte man meinen, dass der Patient den Schritt vom abhängigen zum mündigen Patienten tatsächlich vollzogen hat. Tatsache ist jedoch, dass die meisten Patienten nur eine einzige Frage an den Arzt richten und zwar: "Wann werde ich entlassen?" Diese Frage trägt nicht gerade zu einer konstruktiven Zusammenarbeit bei, da der Arzt sich unter Druck gesetzt fühlt. Wenn ein Patient zu einem Oberarzt sagt, dass er keine Zeit für eine Therapie habe, weil er dadurch möglicher Weise die nächste Vereinssitzung verpasst, ist nachzuvollziehen, warum ein Arzt auch einmal ungehalten reagieren kann. Schließlich ist es nicht seine Gesundheit, sondern die Gesundheit des Patienten, die wieder hergestellt werden soll. Dafür sollte der Patient sich die notwendige Zeit nehmen.

Ich konnte beobachten, dass die Patienten am Essener Klinikum sich grundsätzlich etwas kritischer gegenüber den Ärzten verhalten haben, als die Patienten am Dresdener Klinikum. Dieses Verhalten lässt sich jedoch nicht auf die ehemals konträren po-

---

[122] s. Abschnitt 6.1.1.1 und 6.1.1.2

litischen Systeme zurückführen. Es kann genauso gut daran liegen, dass die Zusammenarbeit zwischen Ärzten und Pflegepersonal zwar vom Chefarzt propagiert wurde, aber in keiner Weise stattfand. Die Ärzte hatten kein Interesse daran, dass eine Schwester die Visite begleitete (eine Ausnahme bildete die Chefvisite), was oftmals zu Missverständnissen führte, und die Schwestern waren ihrerseits scheinbar nicht an einer Zusammenarbeit mit den Ärzten interessiert. Ganz anders stellte sich die Situation in Dresden dar. Der Stationsarzt bestand darauf, dass grundsätzlich mindestens eine Schwester an der Visite teilnahm. Er wollte sich nicht nur auf die Dokumentation verlassen, sondern nutzte die Möglichkeit, der Schwester während der Visite Anweisungen bzgl. der Behandlung einzelner Patienten zu geben bzw. die Schwester auch ab und zu zu Rate zu ziehen. So habe ich erlebt, dass der Dresdener Stationsarzt eine Schwester darauf hinwies, ihn durchaus anzusprechen bzw. bei ihm nachzufragen, falls ihr eine seiner Entscheidungen nicht klar sei. Auch er sei nur ein Mensch und würde Fehler machen, wie jeder andere. Sollte ihr also eine seiner Entscheidungen eigenartig erscheinen, solle sie ihn bitte darauf aufmerksam machen. Hintergrund für diese Aufforderung, war die Tatsache, dass bei einer Patientin seit zwei Tagen alle paar Stunden der Zuckerwert bestimmt worden war, der Stationsarzt aber insgesamt eigentlich nur drei Tests hatte haben wollen. Er hatte einfach vergessen das Ende dieser Testreihe zu bestimmen und die Schwestern zogen seine Entscheidungen in keiner Weise in Zweifel.

Am Essener Klinikum stellte sich das Verhalten zwischen Schwestern und Ärzten, wie bereits erwähnt, vollkommen anders dar. Anstatt miteinander zu arbeiten, arbeiteten sie teilweise gegeneinander. Wenn der Stationsarzt fragte, ob eine Schwester die Visite begleiten würde, bekam er zur Antwort, dass sie dafür jetzt keine Zeit hätten. Es gäbe noch so viel anderes zu erledigen. Die Ärzte verzichteten also auf die Teilnahme einer Schwester.

Ich konnte bei dieser Untersuchung nicht feststellen, dass es typische Merkmale für ein ostdeutsches Klinikum bzw. für ein westdeutsches Klinikum gibt. Vielmehr habe ich den Eindruck, dass z. B. die Durchführung der Visite von der Kompetenz des durchführenden Arztes abhängt. So zeigte der Stationsarzt am Dresdener Klinikum keinerlei Unsicherheiten, konnte auch durch Zwischenfragen seitens seiner Kollegen bzw. des Chefarztes nicht aus dem Konzept gebracht werden. Die Visite verlief immer nach demselben Muster und ging relativ zügig voran, ohne dass ich das Gefühl hatte, die Patienten hätten wichtige Fragen nicht stellen können, weil die Zeit fehlte.

Der Stationsarzt am Essener Klinikum hingegen hatte m. E. kein geeignetes Konzept zur Durchführung der Visite. Während der Visite wurde dort auch schon einmal über einen Film "geplaudert", den einer der Ärzte am Abend zuvor im Kino gesehen hatte. Obwohl am Essener Klinikum teilweise bis zu fünf Patienten mehr stationär behandelt wurden als in Dresden, rechtfertigt das nicht die erheblich längere Dauer der gesamten Visite.

4 Die ideale Stationsvisite

Es soll an dieser Stelle nicht der Versuch unternommen werden, den gesamten Ablauf der Visite exakt zu planen und zu gestalten. Vielmehr soll es um einige grundsätzliche Dinge gehen, die bei der Durchführung der Visite zu berücksichtigen sind. Schließlich wird die Situation sowohl von Ärzten als auch von Patienten individuell verschieden bewältigt, so dass es keine generellen Verhaltensmuster gibt, die man dem Arzt zur Verfügung stellen könnte. "So sind sie *eher als Orientierungsmarken zu verstehen, zwischen denen wir den jeweils richtigen Weg zu suchen haben.* Dafür gibt es keine festen Regeln."[123]

Grundsätzlich gilt, dass der Arzt den Patienten als aktiv Handelnden akzeptieren und respektieren muss. Das bedeutet, dass der Arzt nicht Weg und Ziel bestimmen darf, da das einer Entmündigung gleich käme, denn der Patient muss jederzeit selbst bestimmen dürfen, wieviel an Information er erhalten möchte und zu welcher Art der Behandlung er bereit ist. Das gilt natürlich auch für die Visite.

> "Es geht also darum, daß bei der Visite (als der täglichen Konferenz der an der Behandlung hauptsächlich Beteiligten) Patienten und Pflegende zur *vollen aktiven Mitwirkung* gelangen, denn aufgrund seiner speziellen Erfahrungen und Zuständigkeiten hat jeder von ihnen Entscheidendes beizutragen. So sollte hier im Austausch der Informationen der *Konsens* über die jeweiligen Behandlungsschritte gesichert werden. Zugleich müßte der Patient als der vital Gefährdete die emotionale Stützung erhalten, der er zur Bewältigung seiner Situation bedarf. Nicht zuletzt ist zu beachten, daß die Visite ein Übungsfeld ist für die Zusammenarbeit zwischen Patient, Pflegepersonal und Ärzten und daß sie damit zum *Modell* wird *für das Funktionieren des gesamten Krankenhauses.*"[124] [125]

Bevor aber bei dieser *täglichen Konferenz* ein sinnvoller Informationsaustausch zu Stande kommen kann, muss der Arzt herausfinden, welchen Wissensstand der Patient hat. Erhält der Patient Informationen auf einem zu hohen Niveau kann ihn das eher von einer Zusammenarbeit abhalten, weil er befürchten muss, dass seine Fragen bzw. Bemerkungen als dumm gelten könnten. Setzt der Arzt das Niveau hingegen zu niedrig an, erweckt das beim Patienten das Gefühl nicht ernst genommen zu werden, und er verweigert aus diesem Grund jegliche weitere Mitarbeit.

> "Um die richtige Gesprächsebene und den passenden Ausgangspunkt zu finden, ist es also angebracht, *zunächst den Patienten seine Meinung äußern zu lassen.* Das hat zugleich den Vorteil,

---

[123] Pfeiffer (1986:79)
[124] Pfeiffer (1986:23)
[125] Bei einem kleinen Krankenhaus mag der letzte Satz stimmen, bei einer Universitätsklinik spricht das wohl eher für das Funktionieren einer Station.

daß der Patient den Zusammenhang des Gesprächs mit seinen Problemen deutlich vor Augen hat und daß er von vornherein zum aktiven Gesprächspartner wird."[126]

Weitere wichtige Punkte, auf die der Arzt achten sollte, sind die Beschränkung der Information auf wirklich wesentliches und auf eine für den Patienten verständliche, dessen Sprachgebrauch angemessene Ausdrucksweise. Wenn es sich auch kaum vollkommen ausschließen lässt, so sollte doch besonders darauf geachtet werden, dass der Patient keine widersprüchlichen Informationen erhält. Dazu ist es selbstverständlich nötig, dass das Pflegepersonal, die Ärzte und sonstige Fachkräfte, die für die Betreuung des Patienten zuständig sind, sich regelmäßig gegenseitig informieren.

> "Aus dem Gesagten ergibt sich, daß das Geben und Aufnehmen von Information nicht als >>Einbahnstraße<< verlaufen kann: *Es bedarf hierzu des Wechselgesprächs, in dem alle beteiligten Personen aktiv werden und Raum finden,* ihre Gesichtspunkte zur Geltung zu bringen. Daraus werden wir auch erkennen, wie weit wir verstanden worden sind."[127]

Wie bereits an anderer Stelle erwähnt, entnimmt der Patient bei der Visite den Gesprächen zwischen Ärzten und Pflegepersonal manchmal allerdings Informationen, die gar nicht für ihn bestimmt sind und die er daher ganz falsch deuten könnte. Deshalb sollten so wenig Gespräche wie möglich über den Kopf des Patienten hinweg geführt werden, sondern der Patient sollte möglichst in das Gespräch eingebunden werden, um Missverständnisse von vorne herein zu vermeiden. Es nützt aber auch nichts, wenn der Arzt scheinbar mit dem Patienten spricht, in Wirklichkeit aber nahezu ausschließlich mit den Untersuchungsunterlagen des Patienten beschäftigt ist.

> "Der Arzt sollte nicht gezwungen sein, von einem Computer-Ausdruck aufzublicken, wenn er sich an seinen Patienten wendet. Er sollte einen Aug-zu-Auge-Kontakt suchen, der Modulation der Stimme lauschen und die Nuance eines Wortes, einer Satzwendung abschätzen. Er soll die Körpersprache studieren, den Gesichtsausdruck, die Gedankenfolge und die tausend anderen Botschaften, unterschwellige und offenkundige, die zwischen menschlichen Wesen ausgetauscht werden."[128]

Der Patient ist kein "Fall" über den gesprochen wird, sondern er ist ein Partner, denn ohne seine Mitarbeit wird sich sein momentaner Gesundheitszustand nicht verändern. Deshalb sollten Gespräche über den Patienten, die dessen Anwesenheit nicht erfordern (wie z.B. Diskussionen über Befunde, organisatorische Fragen, usw.), außerhalb des Krankenzimmers geführt werden Es lässt sich kein einheitliches Muster für ein Visitengespräch aufzeigen, denn sowohl jeder Patient als auch jeder Arzt verhält sich

---

[126] Pfeiffer (1986:106)
[127] Pfeiffer (1986:108)
[128] Luban-Plozza/Knaak (1982:43)

in bestimmten Situationen unterschiedlich, und "so wird doch nur eine ganz individuelle Betrachtung der Einmaligkeit der einzelnen Person gerecht."[129]

> "Allerdings ist hier erneut zu betonen, daß die komplexe Interaktion im Krankenhaus durch das Modell einer Zweierbeziehung nur unzureichend dargestellt wird. Vielmehr treten Patient, Pflegende und Ärzte als Partner mit so unterschiedlichen Kompetenzbereichen zusammen, daß der gesamte Erfolg in Frage gestellt ist, wenn auch nur an einer Stelle die Zusammenarbeit aussetzt. Für ein optimales Ergebnis ist die *aktive und verantwortliche Kooperation aller drei Partner* erforderlich."[130]

Wie eine Visite aussehen kann, wenn diese drei Partner nicht zusammen, sondern schlimmstenfalls sogar gegeneinander arbeiten, zeigt das Beispiel der Visite am Klinikum Essen, die ich beobachtet habe.[131]

Neben dem eigentlichen Visitengespräch sind dessen "Begleitumstände" mindestens ebenso wichtig. So sollte der durchführende Arzt darauf achten, dass die Visite nicht bereits beginnt, wenn die Patienten noch ihr Frühstück zu sich nehmen, und dass sie andererseits beendet ist, bevor das Mittagessen verteilt wird.[132] Selbstverständlich gilt auch, dass Ärzte und Pflegende Rücksicht auf die Privatsphäre des Patienten nehmen sollten, so weit dies möglich ist, denn der Patient versucht auch im Krankenhaus, wie in allen anderen Lebensbereichen, sich einen privaten Raum zu schaffen. Diese Tatsache haben <u>auch</u> Ärzte zu beachten, wenn sie in diesen 'Privatraum' eindringen.

> "Das achtlose Benutzen des Tintenkulis eines Patienten zu einer raschen Notiz oder das schnelle Hinwegschieben der Blumen oder eines Bildes ohne eine entschuldigende Erklärung, um den Platz auf dem Nachttisch freizubekommen, kann ein Patient, bewußt oder unbewußt, als Eingriff in seine Intimsphäre empfinden."[133]

Dazu gehört auch, dass der Arzt sich nicht einfach auf die Kante des Bettes eines Patienten setzen darf bzw. das Zudecken des Mittagessens, um die Visite "ungestört" fortführen zu können.[134] In beiden Fällen, selbst wenn der Arzt zuvor um Erlaubnis gebeten haben sollte, hat der Patient kaum die Möglichkeit, diese Bitte zu verweigern, denn er befindet sich in der totalen Institution Krankenhaus und rechnet allein aus diesem Grund mit Sanktionen, wenn er einem Vorschlag, einer Bitte o.Ä. nicht zustimmt.

Ein *Universalargument* für Ärzte ist der Zeitmangel. Damit lässt sich grundsätzlich alles erklären, was entweder gar nicht erledigt wird oder nur halbherzig. Dieser Zeit-

---

[129] Pfeiffer (1986:24)
[130] Pfeiffer (1986:25)
[131] s. Abschnitt 3.3.1
[132] Im Gegensatz zum Klinikum Dresden wurde am Klinikum Essen keinerlei Rücksicht darauf genommen. S. dazu Abschnitt 3.3.1
[133] Schraml zit. n. Pfeiffer (1986:30)
[134] s. Abschnitt 3.3.1

mangel darf sicherlich nicht außer Acht gelassen werden, wenn man an das Schreiben von Berichten, das schriftliche Begründen notwendiger Behandlungsmaßnahmen gegenüber der Verwaltung, usw. denkt. In der Arzt-Patient-Beziehung hat ein solches Argument jedoch keinen Platz.

"Wir haben schon längst herausgefunden, daß der Zeitfaktor ein Ablenkungsmanöver ist. Dieses Ablenkungsmanöver der Ärzte dient der Abwehr gegen eine emotionale Beteiligung; ein Zeitmoment kommt gar nicht herein, da wir ja keine Psychotherapie im strengen Sinne betreiben. Wir haben entdeckt, daß in der guten Allgemeinpraxis etwas vorgeht, das von der Zeit vollkommen unabhängig ist, nämlich ein plötzliches Sich-Verstehen, auf der gleichen Wellenlänge. Dieser Flash ermöglicht es auch in der kürzesten Zeit, zu Erkenntnissen zu kommen, die es dem Patienten wiederum ermöglichen, seinen Problemen offener gegenüberzustehen und freier nach einer Lösung zu suchen."[135]

---

[135] Luban-Plozza/Knaak (1982:87)

5 Schlussbemerkung

Diese Untersuchung macht m. E. deutlich, dass in der Arzt-Patient-Kommunikation weiterhin Defizite bestehen. Es liegt jedoch nicht nur an den Ärzten, diese Defizite zu beheben. Auch die Patienten sollten ihr Verhalten gegenüber Ärzten ändern. Sie dürfen Behauptungen und Anordnungen des Arztes nicht immer als schicksalhaft hinnehmen. Das soll nicht heißen, dass Patienten jede getroffene Entscheidung des Arztes anzweifeln sollen, denn damit wäre das für eine erfolgreiche Therapie notwendige Vertrauensverhältnis zwischen Arzt und Patient von Anfang an gestört. Patienten sollten aber insgesamt kritischer werden. Allein die Tatsache, dass einige Patienten, den Stationsarzt in Essen erst auf Wirkungen und Nebenwirkungen von verordneten Medikamenten angesprochen haben, nachdem sie meinen Fragebogen ausgefüllt hatten, halte ich für sehr bedenklich. Schließlich erhielt ein Patient ein Medikament, das weder der Stationsarzt, noch die AiP's, PJ'ler oder die Krankenschwester auf Anhieb bestimmen konnten.

Die Ärzte müssen in erster Linie erkennen lernen, dass Patienten im Krankenhaus auch ein Anrecht auf Privatsphäre haben. Patienten und Ärzte sollten versuchen auch im Krankenhaus bestimmte allgemeingültige Regeln, die das Zusammenleben im Alltag ermöglichen, einzuhalten. So kann es ein Zeichen von Gedankenlosigkeit sein, dass der Dresdener Chefarzt grundsätzlich nicht an die Tür klopft, bevor er ein Patientenzimmer betritt, es kann aber auch sein, dass er es als sein gegebenes Recht ansieht, die Patientenzimmer jederzeit betreten zu dürfen. Ein Patient hingegen würde sich wohl kaum erlauben, das Zimmer des Stationsarztes, geschweige denn des Chefarztes, ohne anzuklopfen zu betreten.

Was das Kommunikationsverhalten der Ärzte und der Patienten betrifft, so muss der Arzt sich bewusst machen, dass er derjenige ist, der das Gespräch *führt*. Der Patient ist dazu nur in den seltensten Fällen in der Lage, wie sich deutlich bei meinen Visitenbeobachtungen an den Kliniken in Dresden und Essen gezeigt hat. In Essen gab es einen Patienten, der teilweise die Gesprächsführung übernommen hat. Er hatte als Fachpfleger allerdings vollkommen andere Voraussetzungen als die übrigen Patienten.

Ein Punkt, der mich zu Beginn dieser Untersuchung am meisten interessiert hat, bezieht sich auf die Unterschiede bei der Durchführung der Visite an einem ostdeutschen und einem westdeutschen Universitätsklinikum. Wie sich gezeigt hat, gibt es zwar eine Vielzahl an Unterschieden, diese lassen sich jedoch nicht eindeutig auf die ehemals konträren politischen Systeme zurückführen. Dazu müsste man die Visite auf mehreren gleichartigen Stationen an mehreren Krankenhäusern beobachten. Der Vergleich zweier Stationen ist für eine solche Untersuchung nicht ausreichend.

Was diese Untersuchung Dank des türkischen Patienten in Essen sehr deutlich gezeigt hat, ist die Tatsache, dass ein Patient während seines Krankenhausaufenthaltes eine feste Bezugsperson braucht, an die er sich jederzeit wenden kann. Es war bei den Chefvisiten zu erkennen, dass die Patienten sich in Dresden meistens mit Fragen an den Stationsarzt, in Essen sowohl an den Stationsarzt als auch an die AiP's wandten.

6 Anhang

6.1 Fragebogen

6.1.1 Fragebogen (Patienten)

Angaben zur Person

☐ weiblich   ☐ männlich   Alter: __ Jahre
☐ Ich habe seit meiner Geburt ständig innerhalb der jetzigen fünf neuen Bundesländer gelebt.
☐ Ich habe seit meiner Geburt ständig innerhalb der alten Bundesländer gelebt.
☐ Mein Geburtsort liegt innerhalb der jetzigen fünf neuen Bundesländer, mein derzeitiger Wohnort liegt innerhalb der alten Bundesländer.
☐ Mein Geburtsort liegt innerhalb der alten Bundesländer, mein derzeitiger Wohnort liegt innerhalb der jetzigen fünf neuen Bundesländer.[136]
Welchen Beruf üben Sie zur Zeit aus? _____
Welchen Schulabschluss besitzen Sie? _____
Welchen Hochschulabschluss besitzen Sie?[137] _____

Fragen zur Visite

1. Bitte schätzen Sie den Zeitraum ein, in dem sich die Ärzte während der Visite mit Ihnen / Ihrem Fall durchschnittlich beschäftigen.[138]
   ☐ < 2 Min.   ☐ 2 Min.   ☐ 3 Min.   ☐ 4 Min.   ☐ 5 Min.   ☐ > 5 Min.
2. Hat der Chefarzt sich persönlich bei Ihnen vorgestellt oder wurde er von einem der anderen Ärzte vorgestellt?[139]
   ☐ persönlich vorgestellt   ☐ wurde vorgestellt
3. Haben Sie während der Visite Fragen an den Arzt / die Ärzte gerichtet?   ☐ ja   ☐ nein
4. Sind diese Fragen zufriedenstellend beantwortet worden?[140]   ☐ ja   ☐ nein
5. Hat sich der Arzt Ihnen gegenüber verständlich ausgedrückt?[141]   ☐ ja   ☐ nein

Allgemeine Fragen zur Kommunikationssituation

1. Hatten Sie außerhalb der Visite Gelegenheit mit einem Arzt über die Behandlung Ihrer Krankheit / Verletzung zu sprechen?[142]   ☐ ja   ☐ nein
2. Wissen Sie, welche Medikamente Sie zur Zeit einnehmen?   ☐ ja   ☐ nein

---

[136] M. E. sind diese Angaben wichtig, um herauszufinden, ob es Unterschiede beim Kommunikationsverhalten zwischen Patienten aus den neuen und den alten Bundesländern gibt.
[137] Mit diesen drei Fragen möchte ich herausfinden, inwieweit sich das Kommunikationsverhalten zwischen den einzelnen Bildungsschichten unterscheidet.
[138] Schätzen Ärzte und Patienten den Zeitraum gleich ein?
[139] Wie wird den Patienten das Machtgefälle innerhalb der Ärzteschaft demonstriert? Wird ihnen dieses Machtgefälle überhaupt demonstriert?
[140] Zufriedenstellend nicht in dem Sinne, dass der Arzt dem Patienten etwas sagt, was er bzw. sie gern hören möchte, sondern zufriedenstellend dahingehend, dass der Arzt der Frage des Patienten nicht ausweicht, sondern nach seinem derzeitigen Kenntnisstand antwortet. Das schließt ein, dass der Arzt zugibt, eine Frage eventuell nicht beantworten zu können.
[141] Benutzt der Arzt medizinische Ausdrücke ohne sie dem Patienten genauer zu erklären? Passt der Arzt seine Sprache an die individuellen sprachlichen Fähigkeiten des Patienten an?
[142] Wie viel Zeit nimmt sich der Arzt überhaupt, um mit dem Patienten zu sprechen? Interessieren ihn nur Krankheitszeichen oder berücksichtigt er auch Symptome (s. Abschnitt 3.1)?

3. Sind Sie über die Wirkung der Medikamente aufgeklärt worden? ☐ja ☐nein
4. Sind Sie über eventuelle Nebenwirkungen der verabreichten Medikamente informiert worden?[143]
 ☐ja ☐nein
5. Hatten Sie Angst vor der Behandlung im Krankenhaus? ☐ja ☐nein
6. Ist der behandelnde Arzt auf diese Angst eingegangen?[144] ☐ja ☐nein
7. Wie schlimm ist Ihre Krankheit / Verletzung für Sie persönlich?
 ☐sehr schlimm ☐schlimm ☐nicht so schlimm ☐weiß nicht[145]
8. Wissen Sie mit welcher Diagnose Sie ins Krankenhaus eingewiesen wurden?[146] ☐ja ☐nein
 Diagnose: _____
9. Sind Sie von dem einweisenden Arzt darüber informiert worden, ob es noch andere Möglichkeiten der Behandlung gegeben hätte?[147] ☐ja ☐nein
10. Haben Sie das Gefühl, dass der Arzt Sie ernst nimmt? ☐ja ☐nein
11. Haben Sie das Gefühl, dem Arzt machtlos ausgeliefert zu sein? ☐ja ☐nein

---

[143] Interessiert es den Patienten, welche Medikamente ihm verabreicht werden und welche Wirkung sie haben oder verlässt er sich voll und ganz darauf, dass der Arzt schon wissen wird, was richtig für den einzelnen Patienten ist.
[144] Hat der Arzt diese Angst des Patienten nicht einfach ignoriert, sondern durch eine möglichst präzise Beschreibung der durchzuführenden Behandlung versucht, dem Patienten die Angst zu nehmen?
[145] Mit dieser Frage möchte ich herausfinden, ob der Arzt sich über den Patienten überhaupt informiert. Angenommen, ein Patient hat eine Kehlkopfentzündung. Für den Arzt ist das keine besonders dramatische Krankheit. Wenn es sich bei dem Patienten aber um einen Opernsänger handelt, empfindet der diese Kehlkopfentzündung vermutlich als 'sehr schlimm', denn er kann zur Zeit nicht singen.
[146] Weiß der Patient überhaupt, warum er im Krankenhaus ist?
[147] Hilft der Arzt dem Patienten eine Entscheidung über dessen weitere Behandlung zu treffen oder entscheidet er für den Patienten ohne diesem eine Wahl zu lassen? (Arzt = Halbgott in weiß)

6.1.1.1 Fragebogen (Patienten in Dresden)

Angaben zur Person

☒weiblich ☐männlich Alter: 91 Jahre

☒Ich habe seit meiner Geburt ständig innerhalb der jetzigen fünf neuen Bundesländer gelebt.
☐Ich habe seit meiner Geburt ständig innerhalb der alten Bundesländer gelebt.
☐Mein Geburtsort liegt innerhalb der jetzigen fünf neuen Bundesländer, mein derzeitiger Wohnort liegt innerhalb der alten Bundesländer.
☐Mein Geburtsort liegt innerhalb der alten Bundesländer, mein derzeitiger Wohnort liegt innerhalb der jetzigen fünf neuen Bundesländer.

Welchen Beruf üben Sie zur Zeit aus? ___ Rentnerin, vorher Friseuse ___
Welchen Schulabschluss besitzen Sie? ___ Volksschule, Berufsschule ___
Welchen Hochschulabschluss besitzen Sie? ___

Fragen zur Visite

1. Bitte schätzen Sie den Zeitraum ein, in dem sich die Ärzte während der Visite mit Ihnen / Ihrem Fall durchschnittlich beschäftigen.
   ☐< 2 Min. ☐2 Min. ☐3 Min. ☐4 Min. ☐5 Min. ☒ > 5 Min.
2. Hat der Chefarzt sich persönlich bei Ihnen vorgestellt oder wurde er von einem der anderen Ärzte vorgestellt?
   ☐persönlich vorgestellt ☐wurde vorgestellt
3. Haben Sie während der Visite Fragen an den Arzt / die Ärzte gerichtet? ☒ja ☐nein
4. Sind diese Fragen zufriedenstellend beantwortet worden? ☒ja ☐nein
5. Hat sich der Arzt Ihnen gegenüber verständlich ausgedrückt? ☒ja ☐nein

Allgemeine Fragen zur Kommunikationssituation

1. Hatten Sie außerhalb der Visite Gelegenheit mit einem Arzt über die Behandlung Ihrer Krankheit zu sprechen?
   ☐ja ☒nein
2. Wissen Sie, welche Medikamente Sie zur Zeit einnehmen? ☒ja ☐nein
3. Sind Sie über die Wirkung der Medikamente aufgeklärt worden? ☒ja ☐nein
4. Sind Sie über eventuelle Nebenwirkungen der verabreichten Medikamente informiert worden?
   ☐ja ☐nein
5. Hatten Sie Angst vor der Behandlung im Krankenhaus? ☐ja ☒nein
6. Ist der behandelnde Arzt auf diese Angst eingegangen? ☐ja ☐nein
7. Wie schlimm ist Ihre Krankheit für Sie persönlich?
   ☐sehr schlimm ☐schlimm ☒nicht so schlimm ☐weiß nicht
8. Wissen Sie mit welcher Diagnose Sie ins Krankenhaus eingewiesen wurden? ☒ja ☐nein
   Diagnose: ___ Insulinfrage ___
9. Sind Sie von dem einweisenden Arzt darüber informiert worden, ob es noch andere Möglichkeiten der Behandlung gegeben hätte? ☐ja ☐nein
10. Haben Sie das Gefühl, dass der Arzt Sie ernst nimmt? ☒ja ☐nein
11. Haben Sie das Gefühl, dem Arzt machtlos ausgeliefert zu sein? ☐ja ☒nein

Angaben zur Person
☒weiblich ☐männlich Alter: 71 Jahre
☒Ich habe seit meiner Geburt ständig innerhalb der jetzigen fünf neuen Bundesländer gelebt.
☐Ich habe seit meiner Geburt ständig innerhalb der alten Bundesländer gelebt.
☐Mein Geburtsort liegt innerhalb der jetzigen fünf neuen Bundesländer, mein derzeitiger Wohnort liegt innerhalb der alten Bundesländer.
☐Mein Geburtsort liegt innerhalb der alten Bundesländer, mein derzeitiger Wohnort liegt innerhalb der jetzigen fünf neuen Bundesländer.
Welchen Beruf üben Sie zur Zeit aus? __Rentnerin, früher Faktoristin (Rechnungen ausgestellt__
Welchen Schulabschluss besitzen Sie? _____Volksschule,_____
Welchen Hochschulabschluss besitzen Sie? _____

Fragen zur Visite
1. Bitte schätzen Sie den Zeitraum ein, in dem sich die Ärzte während der Visite mit Ihnen / Ihrem Fall durchschnittlich beschäftigen.
   ☐< 2 Min.   ☐2 Min.   ☐3 Min.   ☐4 Min.   ☒5 Min.   ☐ > 5 Min.
2. Hat der Chefarzt sich persönlich bei Ihnen vorgestellt oder wurde er von einem der anderen Ärzte vorgestellt?
   ☒persönlich vorgestellt ☐wurde vorgestellt
3. Haben Sie während der Visite Fragen an den Arzt / die Ärzte gerichtet? ☒ja ☐nein
4. Sind diese Fragen zufriedenstellend beantwortet worden? ☒ja ☐nein
5. Hat sich der Arzt Ihnen gegenüber verständlich ausgedrückt? ☒ja ☐nein

Allgemeine Fragen zur Kommunikationssituation
1. Hatten Sie außerhalb der Visite Gelegenheit mit einem Arzt über die Behandlung Ihrer Krankheit zu sprechen?
   ☐ja ☒nein
2. Wissen Sie, welche Medikamente Sie zur Zeit einnehmen? ☒ja ☐nein
3. Sind Sie über die Wirkung der Medikamente aufgeklärt worden? ☒ja ☐nein
4. Sind Sie über eventuelle Nebenwirkungen der verabreichten Medikamente informiert worden?
   ☒ja ☐nein
5. Hatten Sie Angst vor der Behandlung im Krankenhaus? ☐ja ☒nein
6. Ist der behandelnde Arzt auf diese Angst eingegangen? ☐ja ☐nein
7. Wie schlimm ist Ihre Krankheit für Sie persönlich?
   ☒sehr schlimm ☐schlimm ☐nicht so schlimm ☐weiß nicht
8. Wissen Sie mit welcher Diagnose Sie ins Krankenhaus eingewiesen wurden? ☒ja ☐nein
   Diagnose: _____Wasser im Bauch_____
9. Sind Sie von dem einweisenden Arzt darüber informiert worden, ob es noch andere Möglichkeiten der Behandlung gegeben hätte? ☐ja ☐nein
10. Haben Sie das Gefühl, dass der Arzt Sie ernst nimmt? ☒ja ☐nein
11. Haben Sie das Gefühl, dem Arzt machtlos ausgeliefert zu sein? ☐ja ☒nein

Angaben zur Person
☒weiblich ☐männlich   Alter: 73 Jahre
☒Ich habe seit meiner Geburt ständig innerhalb der jetzigen fünf neuen Bundesländer gelebt.
☐Ich habe seit meiner Geburt ständig innerhalb der alten Bundesländer gelebt.
☐Mein Geburtsort liegt innerhalb der jetzigen fünf neuen Bundesländer, mein derzeitiger Wohnort liegt innerhalb der alten Bundesländer.
☐Mein Geburtsort liegt innerhalb der alten Bundesländer, mein derzeitiger Wohnort liegt innerhalb der jetzigen fünf neuen Bundesländer.
Welchen Beruf üben Sie zur Zeit aus?_____ Rentnerin,_____
Welchen Schulabschluss besitzen Sie? _____ Volksschule_____
Welchen Hochschulabschluss besitzen Sie? ____ Staatsexamen_____

Fragen zur Visite
1. Bitte schätzen Sie den Zeitraum ein, in dem sich die Ärzte während der Visite mit Ihnen / Ihrem Fall durchschnittlich beschäftigen.
   ☐< 2 Min.   ☐2 Min.   ☐3 Min.   ☐4 Min.   ☐5 Min.   ☒ > 5 Min.
2. Hat der Chefarzt sich persönlich bei Ihnen vorgestellt oder wurde er von einem der anderen Ärzte vorgestellt?
                                                                       ☒persönlich vorgestellt   ☐wurde vorgestellt
3. Haben Sie während der Visite Fragen an den Arzt / die Ärzte gerichtet?   ☒ja   ☐nein
4. Sind diese Fragen zufriedenstellend beantwortet worden?   ☒ja   ☐nein
5. Hat sich der Arzt Ihnen gegenüber verständlich ausgedrückt?   ☒ja   ☐nein

Allgemeine Fragen zur Kommunikationssituation
1. Hatten Sie außerhalb der Visite Gelegenheit mit einem Arzt über die Behandlung Ihrer Krankheit zu sprechen?
                                                                                   ☒ja   ☐nein
2. Wissen Sie, welche Medikamente Sie zur Zeit einnehmen?   ☒ja   ☐nein
3. Sind Sie über die Wirkung der Medikamente aufgeklärt worden?   ☒ja   ☐nein
4. Sind Sie über eventuelle Nebenwirkungen der verabreichten Medikamente informiert worden?
                                                                                   ☒ja   ☐nein
5. Hatten Sie Angst vor der Behandlung im Krankenhaus?   ☐ja   ☒nein
6. Ist der behandelnde Arzt auf diese Angst eingegangen?   ☒ja   ☐nein
7. Wie schlimm ist Ihre Krankheit für Sie persönlich?
   ☒sehr schlimm   ☐schlimm   ☐nicht so schlimm   ☐weiß nicht
8. Wissen Sie mit welcher Diagnose Sie ins Krankenhaus eingewiesen wurden?   ☒ja   ☐nein
   Diagnose: _____ Bypass _____
9. Sind Sie von dem einweisenden Arzt darüber informiert worden, ob es noch andere Möglichkeiten der Behandlung gegeben hätte?   ☐ja   ☒nein
10. Haben Sie das Gefühl, dass der Arzt Sie ernst nimmt?   ☒ja   ☐nein
11. Haben Sie das Gefühl, dem Arzt machtlos ausgeliefert zu sein?   ☐ja   ☒nein

Angaben zur Person

☒weiblich ☐männlich   Alter: <u>68</u> Jahre

☒Ich habe seit meiner Geburt ständig innerhalb der jetzigen fünf neuen Bundesländer gelebt.

☐Ich habe seit meiner Geburt ständig innerhalb der alten Bundesländer gelebt.

☐Mein Geburtsort liegt innerhalb der jetzigen fünf neuen Bundesländer, mein derzeitiger Wohnort liegt innerhalb der alten Bundesländer.

☐Mein Geburtsort liegt innerhalb der alten Bundesländer, mein derzeitiger Wohnort liegt innerhalb der jetzigen fünf neuen Bundesländer.

Welchen Beruf üben Sie zur Zeit aus?_____<u>Rentnerin</u>_____

Welchen Schulabschluss besitzen Sie? _____<u>8-stufigen</u>_____

Welchen Hochschulabschluss besitzen Sie? _____

Fragen zur Visite

1. Bitte schätzen Sie den Zeitraum ein, in dem sich die Ärzte während der Visite mit Ihnen / Ihrem Fall durchschnittlich beschäftigen.

    ☐< 2 Min.   ☐2 Min.   ☐3 Min.   ☐4 Min.   ☐5 Min.   ☒ > 5 Min.

2. Hat der Chefarzt sich persönlich bei Ihnen vorgestellt oder wurde er von einem der anderen Ärzte vorgestellt?

    ☒persönlich vorgestellt   ☐wurde vorgestellt

3. Haben Sie während der Visite Fragen an den Arzt / die Ärzte gerichtet?   ☒ja   ☐nein
4. Sind diese Fragen zufriedenstellend beantwortet worden?   ☒ja   ☐nein
5. Hat sich der Arzt Ihnen gegenüber verständlich ausgedrückt?   ☒ja   ☐nein

Allgemeine Fragen zur Kommunikationssituation

1. Hatten Sie außerhalb der Visite Gelegenheit mit einem Arzt über die Behandlung Ihrer Krankheit zu sprechen?

    ☒ja   ☐nein

2. Wissen Sie, welche Medikamente Sie zur Zeit einnehmen?   ☒ja   ☐nein
3. Sind Sie über die Wirkung der Medikamente aufgeklärt worden?   ☒ja   ☐nein
4. Sind Sie über eventuelle Nebenwirkungen der verabreichten Medikamente informiert worden?

    ☒ja   ☐nein

5. Hatten Sie Angst vor der Behandlung im Krankenhaus?   ☐ja   ☒nein
6. Ist der behandelnde Arzt auf diese Angst eingegangen?   ☐ja   ☐nein
7. Wie schlimm ist Ihre Krankheit für Sie persönlich?

    ☒sehr schlimm   ☐schlimm   ☐nicht so schlimm   ☒weiß nicht

8. Wissen Sie mit welcher Diagnose Sie ins Krankenhaus eingewiesen wurden?   ☒ja   ☐nein

    Diagnose: _____

9. Sind Sie von dem einweisenden Arzt darüber informiert worden, ob es noch andere Möglichkeiten der Behandlung gegeben hätte?   ☐ja   ☐nein
10. Haben Sie das Gefühl, dass der Arzt Sie ernst nimmt?   ☒ja   ☐nein
11. Haben Sie das Gefühl, dem Arzt machtlos ausgeliefert zu sein?   ☐ja   ☒nein

Angaben zur Person
☒weiblich   ☐männlich   Alter: 70 Jahre
☒Ich habe seit meiner Geburt ständig innerhalb der jetzigen fünf neuen Bundesländer gelebt.
☐Ich habe seit meiner Geburt ständig innerhalb der alten Bundesländer gelebt.
☐Mein Geburtsort liegt innerhalb der jetzigen fünf neuen Bundesländer, mein derzeitiger Wohnort liegt innerhalb der alten Bundesländer.
☐Mein Geburtsort liegt innerhalb der alten Bundesländer, mein derzeitiger Wohnort liegt innerhalb der jetzigen fünf neuen Bundesländer.
Welchen Beruf üben Sie zur Zeit aus?_____ Rentnerin _____
Welchen Schulabschluss besitzen Sie? _____ Volksschule _____
Welchen Hochschulabschluss besitzen Sie? _____

Fragen zur Visite
1. Bitte schätzen Sie den Zeitraum ein, in dem sich die Ärzte während der Visite mit Ihnen / Ihrem Fall durchschnittlich beschäftigen.
   ☐< 2 Min.   ☐2 Min.   ☐3 Min.   ☐4 Min.   ☐5 Min.   ☒ > 5 Min.
2. Hat der Chefarzt sich persönlich bei Ihnen vorgestellt oder wurde er von einem der anderen Ärzte vorgestellt?
                                                                    ☒persönlich vorgestellt   ☐wurde vorgestellt
3. Haben Sie während der Visite Fragen an den Arzt / die Ärzte gerichtet?   ☒ja   ☐nein
4. Sind diese Fragen zufriedenstellend beantwortet worden?   ☒ja   ☐nein
5. Hat sich der Arzt Ihnen gegenüber verständlich ausgedrückt?   ☒ja   ☐nein

Allgemeine Fragen zur Kommunikationssituation
1. Hatten Sie außerhalb der Visite Gelegenheit mit einem Arzt über die Behandlung Ihrer Krankheit zu sprechen?
                                                                                    ☒ja   ☐nein
2. Wissen Sie, welche Medikamente Sie zur Zeit einnehmen?   ☒ja   ☐nein
3. Sind Sie über die Wirkung der Medikamente aufgeklärt worden?   ☐ja   ☐nein
4. Sind Sie über eventuelle Nebenwirkungen der verabreichten Medikamente informiert worden?
                                                                                    ☐ja   ☐nein
5. Hatten Sie Angst vor der Behandlung im Krankenhaus?   ☒ja   ☐nein
6. Ist der behandelnde Arzt auf diese Angst eingegangen?   ☒ja   ☐nein
7. Wie schlimm ist Ihre Krankheit für Sie persönlich?
   ☐sehr schlimm   ☐schlimm   ☐nicht so schlimm   ☒weiß nicht
8. Wissen Sie mit welcher Diagnose Sie ins Krankenhaus eingewiesen wurden?   ☐ja   ☐nein
   Diagnose: _____
9. Sind Sie von dem einweisenden Arzt darüber informiert worden, ob es noch andere Möglichkeiten der Behandlung
   gegeben hätte?   ☐ja   ☐nein
10. Haben Sie das Gefühl, dass der Arzt Sie ernst nimmt?   ☒ja   ☐nein
11. Haben Sie das Gefühl, dem Arzt machtlos ausgeliefert zu sein?   ☐ja   ☒nein

Angaben zur Person

☒ weiblich ☐ männlich   Alter: <u>58</u> Jahre
☒ Ich habe seit meiner Geburt ständig innerhalb der jetzigen fünf neuen Bundesländer gelebt.
☐ Ich habe seit meiner Geburt ständig innerhalb der alten Bundesländer gelebt.
☐ Mein Geburtsort liegt innerhalb der jetzigen fünf neuen Bundesländer, mein derzeitiger Wohnort liegt innerhalb der alten Bundesländer.
☐ Mein Geburtsort liegt innerhalb der alten Bundesländer, mein derzeitiger Wohnort liegt innerhalb der jetzigen fünf neuen Bundesländer.

Welchen Beruf üben Sie zur Zeit aus?_____<u>Verkäuferin</u>_____
Welchen Schulabschluss besitzen Sie? _____<u>8 Kl. Schule</u>_____
Welchen Hochschulabschluss besitzen Sie? _____

Fragen zur Visite

1. Bitte schätzen Sie den Zeitraum ein, in dem sich die Ärzte während der Visite mit Ihnen / Ihrem Fall durchschnittlich beschäftigen.
   ☐ < 2 Min.   ☐ 2 Min.   ☐ 3 Min.   ☐ 4 Min.   ☐ 5 Min.   ☒ > 5 Min.
2. Hat der Chefarzt sich persönlich bei Ihnen vorgestellt oder wurde er von einem der anderen Ärzte vorgestellt?
   ☒ persönlich vorgestellt   ☐ wurde vorgestellt
3. Haben Sie während der Visite Fragen an den Arzt / die Ärzte gerichtet?   ☐ ja   ☒ nein
4. Sind diese Fragen zufriedenstellend beantwortet worden?   ☒ ja   ☐ nein
5. Hat sich der Arzt Ihnen gegenüber verständlich ausgedrückt?   ☒ ja   ☐ nein

Allgemeine Fragen zur Kommunikationssituation

1. Hatten Sie außerhalb der Visite Gelegenheit mit einem Arzt über die Behandlung Ihrer Krankheit zu sprechen?
                                                                                 ☒ ja   ☐ nein
2. Wissen Sie, welche Medikamente Sie zur Zeit einnehmen?   ☒ ja   ☐ nein
3. Sind Sie über die Wirkung der Medikamente aufgeklärt worden?   ☒ ja   ☐ nein
4. Sind Sie über eventuelle Nebenwirkungen der verabreichten Medikamente informiert worden?
                                                                                 ☒ ja   ☐ nein
5. Hatten Sie Angst vor der Behandlung im Krankenhaus?   ☒ ja   ☐ nein
6. Ist der behandelnde Arzt auf diese Angst eingegangen?   ☒ ja   ☐ nein
7. Wie schlimm ist Ihre Krankheit für Sie persönlich?
   ☐ sehr schlimm   ☐ schlimm   ☐ nicht so schlimm   ☒ weiß nicht
8. Wissen Sie mit welcher Diagnose Sie ins Krankenhaus eingewiesen wurden?   ☒ ja   ☐ nein
   Diagnose: _____<u>Blutzucker</u>_____
9. Sind Sie von dem einweisenden Arzt darüber informiert worden, ob es noch andere Möglichkeiten der Behandlung gegeben hätte?   ☐ ja   ☐ nein
10. Haben Sie das Gefühl, dass der Arzt Sie ernst nimmt?   ☒ ja   ☐ nein
11. Haben Sie das Gefühl, dem Arzt machtlos ausgeliefert zu sein?   ☐ ja   ☒ nein

Angaben zur Person
☒weiblich ☐männlich   Alter: <u>78</u> Jahre
☒Ich habe seit meiner Geburt ständig innerhalb der jetzigen fünf neuen Bundesländer gelebt.
☐Ich habe seit meiner Geburt ständig innerhalb der alten Bundesländer gelebt.
☐Mein Geburtsort liegt innerhalb der jetzigen fünf neuen Bundesländer, mein derzeitiger Wohnort liegt innerhalb der alten Bundesländer.
☐Mein Geburtsort liegt innerhalb der alten Bundesländer, mein derzeitiger Wohnort liegt innerhalb der jetzigen fünf neuen Bundesländer.
Welchen Beruf üben Sie zur Zeit aus?_____<u>Rentnerin,</u>_____
Welchen Schulabschluss besitzen Sie? _____<u>Volksschule</u>_____
Welchen Hochschulabschluss besitzen Sie? _____

Fragen zur Visite
1. Bitte schätzen Sie den Zeitraum ein, in dem sich die Ärzte während der Visite mit Ihnen / Ihrem Fall durchschnittlich beschäftigen.
    ☐< 2 Min.   ☐2 Min.   ☐3 Min.   ☐4 Min.   ☐5 Min.   ☒ > 5 Min.
2. Hat der Chefarzt sich persönlich bei Ihnen vorgestellt oder wurde er von einem der anderen Ärzte vorgestellt?
    ☒persönlich vorgestellt   ☐wurde vorgestellt
3. Haben Sie während der Visite Fragen an den Arzt / die Ärzte gerichtet?   ☒ja   ☐nein
4. Sind diese Fragen zufriedenstellend beantwortet worden?   ☒ja   ☐nein
5. Hat sich der Arzt Ihnen gegenüber verständlich ausgedrückt?   ☒ja   ☐nein

Allgemeine Fragen zur Kommunikationssituation
1. Hatten Sie außerhalb der Visite Gelegenheit mit einem Arzt über die Behandlung Ihrer Krankheit zu sprechen?
    ☐ja   ☐nein
2. Wissen Sie, welche Medikamente Sie zur Zeit einnehmen?   ☒ja   ☐nein
3. Sind Sie über die Wirkung der Medikamente aufgeklärt worden?   ☒ja   ☐nein
4. Sind Sie über eventuelle Nebenwirkungen der verabreichten Medikamente informiert worden?
    ☒ja   ☐nein
5. Hatten Sie Angst vor der Behandlung im Krankenhaus?   ☐ja   ☒nein
6. Ist der behandelnde Arzt auf diese Angst eingegangen?   ☐ja   ☐nein
7. Wie schlimm ist Ihre Krankheit für Sie persönlich?
    ☐sehr schlimm   ☒schlimm   ☐nicht so schlimm   ☐weiß nicht
8. Wissen Sie mit welcher Diagnose Sie ins Krankenhaus eingewiesen wurden?   ☒ja   ☐nein
    Diagnose: _____<u>Verdacht auf Thrombose</u>_____
9. Sind Sie von dem einweisenden Arzt darüber informiert worden, ob es noch andere Möglichkeiten der Behandlung gegeben hätte?   ☐ja   ☐nein
10. Haben Sie das Gefühl, dass der Arzt Sie ernst nimmt?   ☒ja   ☐nein
11. Haben Sie das Gefühl, dem Arzt machtlos ausgeliefert zu sein?   ☐ja   ☒nein

Angaben zur Person
☐weiblich ☒männlich   Alter: 66 Jahre
☒Ich habe seit meiner Geburt ständig innerhalb der jetzigen fünf neuen Bundesländer gelebt.
☐Ich habe seit meiner Geburt ständig innerhalb der alten Bundesländer gelebt.
☐Mein Geburtsort liegt innerhalb der jetzigen fünf neuen Bundesländer, mein derzeitiger Wohnort liegt innerhalb der alten Bundesländer.
☐Mein Geburtsort liegt innerhalb der alten Bundesländer, mein derzeitiger Wohnort liegt innerhalb der jetzigen fünf neuen Bundesländer.
Welchen Beruf üben Sie zur Zeit aus? _____Rentner_____
Welchen Schulabschluss besitzen Sie? _____HS, FS_____
Welchen Hochschulabschluss besitzen Sie? _____DI Holztechnik_____

Fragen zur Visite
1. Bitte schätzen Sie den Zeitraum ein, in dem sich die Ärzte während der Visite mit Ihnen / Ihrem Fall durchschnittlich beschäftigen.
   ☐< 2 Min. ☐2 Min. ☐3 Min. ☒4 Min. ☐5 Min. ☐> 5 Min.
2. Hat der Chefarzt sich persönlich bei Ihnen vorgestellt oder wurde er von einem der anderen Ärzte vorgestellt?
                                                   ☒persönlich vorgestellt ☐wurde vorgestellt
3. Haben Sie während der Visite Fragen an den Arzt / die Ärzte gerichtet?   ☒ja ☐nein
4. Sind diese Fragen zufriedenstellend beantwortet worden?   ☒ja ☐nein
5. Hat sich der Arzt Ihnen gegenüber verständlich ausgedrückt?   ☒ja ☐nein

Allgemeine Fragen zur Kommunikationssituation
1. Hatten Sie außerhalb der Visite Gelegenheit mit einem Arzt über die Behandlung Ihrer Krankheit zu sprechen?
                                                                                  ☒ja ☐nein
2. Wissen Sie, welche Medikamente Sie zur Zeit einnehmen?   ☒ja ☐nein
3. Sind Sie über die Wirkung der Medikamente aufgeklärt worden?   ☒ja ☐nein
4. Sind Sie über eventuelle Nebenwirkungen der verabreichten Medikamente informiert worden?
                                                                                  ☒ja ☐nein
5. Hatten Sie Angst vor der Behandlung im Krankenhaus?   ☒ja ☐nein
6. Ist der behandelnde Arzt auf diese Angst eingegangen?   ☐ja ☐nein
7. Wie schlimm ist Ihre Krankheit für Sie persönlich?
   ☒sehr schlimm   ☐schlimm   ☐nicht so schlimm   ☐weiß nicht
8. Wissen Sie mit welcher Diagnose Sie ins Krankenhaus eingewiesen wurden?   ☒ja ☐nein
   Diagnose: _____Einstellung auf Insulin_____
9. Sind Sie von dem einweisenden Arzt darüber informiert worden, ob es noch andere Möglichkeiten der Behandlung gegeben hätte?   ☒ja ☐nein
10. Haben Sie das Gefühl, dass der Arzt Sie ernst nimmt?   ☒ja ☐nein
11. Haben Sie das Gefühl, dem Arzt machtlos ausgeliefert zu sein?   ☐ja ☒nein

Angaben zur Person
☐weiblich ☒männlich   Alter: 72 Jahre
☒Ich habe seit meiner Geburt ständig innerhalb der jetzigen fünf neuen Bundesländer gelebt.
☐Ich habe seit meiner Geburt ständig innerhalb der alten Bundesländer gelebt.
☐Mein Geburtsort liegt innerhalb der jetzigen fünf neuen Bundesländer, mein derzeitiger Wohnort liegt innerhalb der alten Bundesländer.
☐Mein Geburtsort liegt innerhalb der alten Bundesländer, mein derzeitiger Wohnort liegt innerhalb der jetzigen fünf neuen Bundesländer.
Welchen Beruf üben Sie zur Zeit aus?_____keinen_____
Welchen Schulabschluss besitzen Sie? _____Abitur_____
Welchen Hochschulabschluss besitzen Sie? _____Diplom, Dr._____

Fragen zur Visite
1. Bitte schätzen Sie den Zeitraum ein, in dem sich die Ärzte während der Visite mit Ihnen / Ihrem Fall durchschnittlich beschäftigen.
   ☐< 2 Min.   ☐2 Min.   ☐3 Min.   ☐4 Min.   ☐5 Min.   ☒> 5 Min.
2. Hat der Chefarzt sich persönlich bei Ihnen vorgestellt oder wurde er von einem der anderen Ärzte vorgestellt?
   ☒persönlich vorgestellt ☐wurde vorgestellt
3. Haben Sie während der Visite Fragen an den Arzt / die Ärzte gerichtet?   ☒ja   ☐nein
4. Sind diese Fragen zufriedenstellend beantwortet worden?   ☒ja   ☐nein
5. Hat sich der Arzt Ihnen gegenüber verständlich ausgedrückt?   ☒ja   ☐nein

Allgemeine Fragen zur Kommunikationssituation
1. Hatten Sie außerhalb der Visite Gelegenheit mit einem Arzt über die Behandlung Ihrer Krankheit zu sprechen?
                                                                             ☒ja   ☐nein
2. Wissen Sie, welche Medikamente Sie zur Zeit einnehmen?   ☒ja   ☐nein
3. Sind Sie über die Wirkung der Medikamente aufgeklärt worden?   ☒ja   ☐nein
4. Sind Sie über eventuelle Nebenwirkungen der verabreichten Medikamente informiert worden?
                                                                             ☒ja   ☐nein
5. Hatten Sie Angst vor der Behandlung im Krankenhaus?   ☐ja   ☒nein
6. Ist der behandelnde Arzt auf diese Angst eingegangen?   ☐ja   ☐nein
7. Wie schlimm ist Ihre Krankheit für Sie persönlich?
   ☐sehr schlimm   ☒schlimm   ☐nicht so schlimm   ☐weiß nicht
8. Wissen Sie mit welcher Diagnose Sie ins Krankenhaus eingewiesen wurden?   ☒ja   ☐nein
   Diagnose: _____Diab. mell. (Einstellung) u.a._____
9. Sind Sie von dem einweisenden Arzt darüber informiert worden, ob es noch andere Möglichkeiten der Behandlung gegeben hätte?   ☐ja   ☒nein
10. Haben Sie das Gefühl, dass der Arzt Sie ernst nimmt?   ☒ja   ☐nein
11. Haben Sie das Gefühl, dem Arzt machtlos ausgeliefert zu sein?   ☐ja   ☒nein

Angaben zur Person
☐ weiblich ☒ männlich   Alter: <u>68</u> Jahre
☒ Ich habe seit meiner Geburt ständig innerhalb der jetzigen fünf neuen Bundesländer gelebt.
☐ Ich habe seit meiner Geburt ständig innerhalb der alten Bundesländer gelebt.
☐ Mein Geburtsort liegt innerhalb der jetzigen fünf neuen Bundesländer, mein derzeitiger Wohnort liegt innerhalb der alten Bundesländer.
☐ Mein Geburtsort liegt innerhalb der alten Bundesländer, mein derzeitiger Wohnort liegt innerhalb der jetzigen fünf neuen Bundesländer.
Welchen Beruf üben Sie zur Zeit aus?<u>   Rentner   </u>
Welchen Schulabschluss besitzen Sie? <u>   Hochschulabschluss   </u>
Welchen Hochschulabschluss besitzen Sie? <u>   Dipl.-Ing.   </u>

Fragen zur Visite
1. Bitte schätzen Sie den Zeitraum ein, in dem sich die Ärzte während der Visite mit Ihnen / Ihrem Fall durchschnittlich beschäftigen.
   ☐ < 2 Min. ☐ 2 Min. ☐ 3 Min. ☐ 4 Min. ☒ 5 Min. ☐ > 5 Min.
2. Hat der Chefarzt sich persönlich bei Ihnen vorgestellt oder wurde er von einem der anderen Ärzte vorgestellt?
   ☒ persönlich vorgestellt ☐ wurde vorgestellt
3. Haben Sie während der Visite Fragen an den Arzt / die Ärzte gerichtet?   ☒ ja ☐ nein
4. Sind diese Fragen zufriedenstellend beantwortet worden?   ☒ ja ☐ nein
5. Hat sich der Arzt Ihnen gegenüber verständlich ausgedrückt?   ☒ ja ☐ nein

Allgemeine Fragen zur Kommunikationssituation
1. Hatten Sie außerhalb der Visite Gelegenheit mit einem Arzt über die Behandlung Ihrer Krankheit zu sprechen?
   ☒ ja ☐ nein
2. Wissen Sie, welche Medikamente Sie zur Zeit einnehmen?   ☒ ja ☐ nein
3. Sind Sie über die Wirkung der Medikamente aufgeklärt worden?   ☒ ja ☐ nein
4. Sind Sie über eventuelle Nebenwirkungen der verabreichten Medikamente informiert worden?
   ☒ ja ☐ nein
5. Hatten Sie Angst vor der Behandlung im Krankenhaus?   ☐ ja ☒ nein
6. Ist der behandelnde Arzt auf diese Angst eingegangen?   ☐ ja ☐ nein
7. Wie schlimm ist Ihre Krankheit für Sie persönlich?
   ☐ sehr schlimm ☒ schlimm ☐ nicht so schlimm ☐ weiß nicht
8. Wissen Sie mit welcher Diagnose Sie ins Krankenhaus eingewiesen wurden?   ☒ ja ☐ nein
   Diagnose: <u>   Abklärung hoher Nierenlaborwerte, Mundtrockenheit   </u>
9. Sind Sie von dem einweisenden Arzt darüber informiert worden, ob es noch andere Möglichkeiten der Behandlung gegeben hätte?   ☐ ja ☐ nein
10. Haben Sie das Gefühl, dass der Arzt Sie ernst nimmt?   ☒ ja ☐ nein
11. Haben Sie das Gefühl, dem Arzt machtlos ausgeliefert zu sein?   ☐ ja ☒ nein

Angaben zur Person
☐weiblich ☒männlich   Alter: 86 Jahre
☒Ich habe seit meiner Geburt ständig innerhalb der jetzigen fünf neuen Bundesländer gelebt.
☐Ich habe seit meiner Geburt ständig innerhalb der alten Bundesländer gelebt.
☐Mein Geburtsort liegt innerhalb der jetzigen fünf neuen Bundesländer, mein derzeitiger Wohnort liegt innerhalb der alten Bundesländer.
☐Mein Geburtsort liegt innerhalb der alten Bundesländer, mein derzeitiger Wohnort liegt innerhalb der jetzigen fünf neuen Bundesländer.
Welchen Beruf üben Sie zur Zeit aus?_____ Rentner, vorher Fahrlehrer _____
Welchen Schulabschluss besitzen Sie? _____ Volksschule _____
Welchen Hochschulabschluss besitzen Sie? _____

Fragen zur Visite
1. Bitte schätzen Sie den Zeitraum ein, in dem sich die Ärzte während der Visite mit Ihnen / Ihrem Fall durchschnittlich beschäftigen.
   ☐< 2 Min.   ☐2 Min.   ☐3 Min.   ☐4 Min.   ☐5 Min.   ☒> 5 Min.
2. Hat der Chefarzt sich persönlich bei Ihnen vorgestellt oder wurde er von einem der anderen Ärzte vorgestellt?
                                                                 ☒persönlich vorgestellt ☐wurde vorgestellt
3. Haben Sie während der Visite Fragen an den Arzt / die Ärzte gerichtet?   ☐ja ☐nein
4. Sind diese Fragen zufriedenstellend beantwortet worden?   ☐ja ☐nein
5. Hat sich der Arzt Ihnen gegenüber verständlich ausgedrückt?   ☒ja ☐nein

Allgemeine Fragen zur Kommunikationssituation
1. Hatten Sie außerhalb der Visite Gelegenheit mit einem Arzt über die Behandlung Ihrer Krankheit zu sprechen?
                                                                                   ☒ja ☐nein
2. Wissen Sie, welche Medikamente Sie zur Zeit einnehmen?   ☒ja ☐nein
3. Sind Sie über die Wirkung der Medikamente aufgeklärt worden?   ☐ja ☐nein
4. Sind Sie über eventuelle Nebenwirkungen der verabreichten Medikamente informiert worden?
                                                                                   ☐ja ☐nein
5. Hatten Sie Angst vor der Behandlung im Krankenhaus?   ☐ja ☐nein
6. Ist der behandelnde Arzt auf diese Angst eingegangen?   ☐ja ☐nein
7. Wie schlimm ist Ihre Krankheit für Sie persönlich?
   ☐sehr schlimm   ☐schlimm   ☒nicht so schlimm   ☐weiß nicht
8. Wissen Sie mit welcher Diagnose Sie ins Krankenhaus eingewiesen wurden?   ☒ja ☐nein
   Diagnose: _____
9. Sind Sie von dem einweisenden Arzt darüber informiert worden, ob es noch andere Möglichkeiten der Behandlung gegeben hätte?   ☐ja ☐nein
10. Haben Sie das Gefühl, dass der Arzt Sie ernst nimmt?   ☒ja ☐nein
11. Haben Sie das Gefühl, dem Arzt machtlos ausgeliefert zu sein?   ☐ja ☒nein

Angaben zur Person
☐ weiblich ☒ männlich   Alter: 46 Jahre
☒ Ich habe seit meiner Geburt ständig innerhalb der jetzigen fünf neuen Bundesländer gelebt.
☐ Ich habe seit meiner Geburt ständig innerhalb der alten Bundesländer gelebt.
☐ Mein Geburtsort liegt innerhalb der jetzigen fünf neuen Bundesländer, mein derzeitiger Wohnort liegt innerhalb der alten Bundesländer.
☐ Mein Geburtsort liegt innerhalb der alten Bundesländer, mein derzeitiger Wohnort liegt innerhalb der jetzigen fünf neuen Bundesländer.
Welchen Beruf üben Sie zur Zeit aus?_____Handwerker_____
Welchen Schulabschluss besitzen Sie? _____Abitur – 12 Klassen_____
Welchen Hochschulabschluss besitzen Sie? _____

Fragen zur Visite
1. Bitte schätzen Sie den Zeitraum ein, in dem sich die Ärzte während der Visite mit Ihnen / Ihrem Fall durchschnittlich beschäftigen.
   ☐ < 2 Min.   ☐ 2 Min.   ☐ 3 Min.   ☐ 4 Min.   ☒ 5 Min.   ☐ > 5 Min.
2. Hat der Chefarzt sich persönlich bei Ihnen vorgestellt oder wurde er von einem der anderen Ärzte vorgestellt?
                                                                    ☒ persönlich vorgestellt   ☐ wurde vorgestellt
3. Haben Sie während der Visite Fragen an den Arzt / die Ärzte gerichtet?   ☒ ja   ☐ nein
4. Sind diese Fragen zufriedenstellend beantwortet worden?   ☒ ja   ☐ nein
5. Hat sich der Arzt Ihnen gegenüber verständlich ausgedrückt?   ☒ ja   ☐ nein

Allgemeine Fragen zur Kommunikationssituation
1. Hatten Sie außerhalb der Visite Gelegenheit mit einem Arzt über die Behandlung Ihrer Krankheit zu sprechen?
                                                                              ☒ ja   ☐ nein
2. Wissen Sie, welche Medikamente Sie zur Zeit einnehmen?   ☒ ja   ☐ nein
3. Sind Sie über die Wirkung der Medikamente aufgeklärt worden?   ☒ ja   ☐ nein
4. Sind Sie über eventuelle Nebenwirkungen der verabreichten Medikamente informiert worden?
                                                                              ☐ ja   ☒ nein
5. Hatten Sie Angst vor der Behandlung im Krankenhaus?   ☐ ja   ☒ nein
6. Ist der behandelnde Arzt auf diese Angst eingegangen?   ☐ ja   ☒ nein
7. Wie schlimm ist Ihre Krankheit für Sie persönlich?
   ☐ sehr schlimm   ☐ schlimm   ☒ nicht so schlimm   ☐ weiß nicht
8. Wissen Sie mit welcher Diagnose Sie ins Krankenhaus eingewiesen wurden?   ☒ ja   ☐ nein
   Diagnose: _____Diabetes_____
9. Sind Sie von dem einweisenden Arzt darüber informiert worden, ob es noch andere Möglichkeiten der Behandlung gegeben hätte?   ☐ ja   ☒ nein
10. Haben Sie das Gefühl, dass der Arzt Sie ernst nimmt?   ☒ ja   ☐ nein
11. Haben Sie das Gefühl, dem Arzt machtlos ausgeliefert zu sein?   ☐ ja   ☒ nein

Angaben zur Person

☐ weiblich ☒ männlich   Alter: 47 Jahre

☒ Ich habe seit meiner Geburt ständig innerhalb der jetzigen fünf neuen Bundesländer gelebt.

☐ Ich habe seit meiner Geburt ständig innerhalb der alten Bundesländer gelebt.

☐ Mein Geburtsort liegt innerhalb der jetzigen fünf neuen Bundesländer, mein derzeitiger Wohnort liegt innerhalb der alten Bundesländer.

☐ Mein Geburtsort liegt innerhalb der alten Bundesländer, mein derzeitiger Wohnort liegt innerhalb der jetzigen fünf neuen Bundesländer.

Welchen Beruf üben Sie zur Zeit aus?   arbeitslos, gelernter Müller, dann Lebensmittelingenieur

Welchen Schulabschluss besitzen Sie?   Volksschule (10 Klassen), Oberschulabschluss

Welchen Hochschulabschluss besitzen Sie? _____

Fragen zur Visite

1. Bitte schätzen Sie den Zeitraum ein, in dem sich die Ärzte während der Visite mit Ihnen / Ihrem Fall durchschnittlich beschäftigen.

   ☐ < 2 Min.   ☐ 2 Min.   ☐ 3 Min.   ☐ 4 Min.   ☐ 5 Min.   ☒ > 5 Min.

2. Hat der Chefarzt sich persönlich bei Ihnen vorgestellt oder wurde er von einem der anderen Ärzte vorgestellt?

   ☒ persönlich vorgestellt   ☐ wurde vorgestellt

3. Haben Sie während der Visite Fragen an den Arzt / die Ärzte gerichtet?   ☒ ja   ☐ nein
4. Sind diese Fragen zufriedenstellend beantwortet worden?   ☒ ja   ☐ nein
5. Hat sich der Arzt Ihnen gegenüber verständlich ausgedrückt?   ☒ ja   ☐ nein

Allgemeine Fragen zur Kommunikationssituation

1. Hatten Sie außerhalb der Visite Gelegenheit mit einem Arzt über die Behandlung Ihrer Krankheit zu sprechen?

   ☒ ja   ☐ nein

2. Wissen Sie, welche Medikamente Sie zur Zeit einnehmen?   ☒ ja   ☐ nein
3. Sind Sie über die Wirkung der Medikamente aufgeklärt worden?   ☒ ja   ☐ nein
4. Sind Sie über eventuelle Nebenwirkungen der verabreichten Medikamente informiert worden?

   ☐ ja   ☒ nein

5. Hatten Sie Angst vor der Behandlung im Krankenhaus?   ☐ ja   ☒ nein
6. Ist der behandelnde Arzt auf diese Angst eingegangen?   ☐ ja   ☐ nein
7. Wie schlimm ist Ihre Krankheit für Sie persönlich?

   ☒ sehr schlimm   ☐ schlimm   ☐ nicht so schlimm   ☐ weiß nicht

8. Wissen Sie mit welcher Diagnose Sie ins Krankenhaus eingewiesen wurden?   ☒ ja   ☐ nein

   Diagnose: _____Fettsucht, u.a._____

9. Sind Sie von dem einweisenden Arzt darüber informiert worden, ob es noch andere Möglichkeiten der Behandlung gegeben hätte?   ☐ ja   ☐ nein
10. Haben Sie das Gefühl, dass der Arzt Sie ernst nimmt?   ☒ ja   ☐ nein
11. Haben Sie das Gefühl, dem Arzt machtlos ausgeliefert zu sein?   ☐ ja   ☒ nein

Angaben zur Person
☐ weiblich ☒ männlich   Alter: <u>68</u> Jahre
☒ Ich habe seit meiner Geburt ständig innerhalb der jetzigen fünf neuen Bundesländer gelebt.
☐ Ich habe seit meiner Geburt ständig innerhalb der alten Bundesländer gelebt.
☐ Mein Geburtsort liegt innerhalb der jetzigen fünf neuen Bundesländer, mein derzeitiger Wohnort liegt innerhalb der alten Bundesländer.
☐ Mein Geburtsort liegt innerhalb der alten Bundesländer, mein derzeitiger Wohnort liegt innerhalb der jetzigen fünf neuen Bundesländer.
Welchen Beruf üben Sie zur Zeit aus?<u>   Rentner   </u>
Welchen Schulabschluss besitzen Sie? <u>   Volksschule (10 Klassen)   </u>
Welchen Hochschulabschluss besitzen Sie? <u>   TU Dipl.-Ing.   </u>

Fragen zur Visite
1. Bitte schätzen Sie den Zeitraum ein, in dem sich die Ärzte während der Visite mit Ihnen / Ihrem Fall durchschnittlich beschäftigen.
   ☐ < 2 Min.   ☐ 2 Min.   ☐ 3 Min.   ☒ 4 Min.   ☐ 5 Min.   ☐ > 5 Min.
2. Hat der Chefarzt sich persönlich bei Ihnen vorgestellt oder wurde er von einem der anderen Ärzte vorgestellt?
                                                              ☒ persönlich vorgestellt   ☐ wurde vorgestellt
3. Haben Sie während der Visite Fragen an den Arzt / die Ärzte gerichtet?   ☒ ja   ☐ nein
4. Sind diese Fragen zufriedenstellend beantwortet worden?   ☒ ja   ☐ nein
5. Hat sich der Arzt Ihnen gegenüber verständlich ausgedrückt?   ☒ ja   ☐ nein

Allgemeine Fragen zur Kommunikationssituation
1. Hatten Sie außerhalb der Visite Gelegenheit mit einem Arzt über die Behandlung Ihrer Krankheit zu sprechen?
                                                                                     ☒ ja   ☐ nein
2. Wissen Sie, welche Medikamente Sie zur Zeit einnehmen?   ☒ ja   ☐ nein
3. Sind Sie über die Wirkung der Medikamente aufgeklärt worden?   ☐ ja   ☐ nein
4. Sind Sie über eventuelle Nebenwirkungen der verabreichten Medikamente informiert worden?
                                                                                     ☐ ja   ☐ nein
5. Hatten Sie Angst vor der Behandlung im Krankenhaus?   ☐ ja   ☒ nein
6. Ist der behandelnde Arzt auf diese Angst eingegangen?   ☐ ja   ☐ nein
7. Wie schlimm ist Ihre Krankheit für Sie persönlich?
   ☐ sehr schlimm   ☒ schlimm   ☐ nicht so schlimm   ☐ weiß nicht
8. Wissen Sie mit welcher Diagnose Sie ins Krankenhaus eingewiesen wurden?   ☒ ja   ☐ nein
   Diagnose: _____
9. Sind Sie von dem einweisenden Arzt darüber informiert worden, ob es noch andere Möglichkeiten der Behandlung gegeben hätte?
                                                                                     ☐ ja   ☐ nein
10. Haben Sie das Gefühl, dass der Arzt Sie ernst nimmt?   ☒ ja   ☐ nein
11. Haben Sie das Gefühl, dem Arzt machtlos ausgeliefert zu sein?   ☐ ja   ☒ nein

6.1.1.2 Fragebogen (Patienten in Essen)

Angaben zur Person

☒weiblich ☐männlich   Alter: 19 Jahre

☐Ich habe seit meiner Geburt ständig innerhalb der jetzigen fünf neuen Bundesländer gelebt.
☒Ich habe seit meiner Geburt ständig innerhalb der alten Bundesländer gelebt.
☐Mein Geburtsort liegt innerhalb der jetzigen fünf neuen Bundesländer, mein derzeitiger Wohnort liegt innerhalb der alten Bundesländer.
☐Mein Geburtsort liegt innerhalb der alten Bundesländer, mein derzeitiger Wohnort liegt innerhalb der jetzigen fünf neuen Bundesländer.

Welchen Beruf üben Sie zur Zeit aus? _____ Rechtanawalts- und Notarsfachangestellte _____
Welchen Schulabschluss besitzen Sie? _____ Fachoberschulreife _____
Welchen Hochschulabschluss besitzen Sie? _____

Fragen zur Visite

1. Bitte schätzen Sie den Zeitraum ein, in dem sich die Ärzte während der Visite mit Ihnen / Ihrem Fall durchschnittlich beschäftigen.
   ☐< 2 Min. ☐2 Min. ☐3 Min. ☐4 Min. ☐5 Min. ☒ > 5 Min.
2. Hat der Chefarzt sich persönlich bei Ihnen vorgestellt oder wurde er von einem der anderen Ärzte vorgestellt?
   ☒persönlich vorgestellt ☐wurde vorgestellt
3. Haben Sie während der Visite Fragen an den Arzt / die Ärzte gerichtet?   ☒ja ☐nein
4. Sind diese Fragen zufriedenstellend beantwortet worden?   ☒ja ☐nein
5. Hat sich der Arzt Ihnen gegenüber verständlich ausgedrückt?   ☒ja ☐nein

Allgemeine Fragen zur Kommunikationssituation

1. Hatten Sie außerhalb der Visite Gelegenheit mit einem Arzt über die Behandlung Ihrer Krankheit zu sprechen?
                                                                                ☐ja ☒nein
2. Wissen Sie, welche Medikamente Sie zur Zeit einnehmen?   ☒ja ☐nein
3. Sind Sie über die Wirkung der Medikamente aufgeklärt worden?   ☐ja ☐nein
4. Sind Sie über eventuelle Nebenwirkungen der verabreichten Medikamente informiert worden?
                                                                                ☐ja ☐nein
5. Hatten Sie Angst vor der Behandlung im Krankenhaus?   ☐ja ☒nein
6. Ist der behandelnde Arzt auf diese Angst eingegangen?   ☐ja ☐nein
7. Wie schlimm ist Ihre Krankheit für Sie persönlich?
   ☐sehr schlimm   ☐schlimm   ☐nicht so schlimm   ☒weiß nicht
8. Wissen Sie mit welcher Diagnose Sie ins Krankenhaus eingewiesen wurden?   ☐ja ☒nein
   Diagnose: _____
9. Sind Sie von dem einweisenden Arzt darüber informiert worden, ob es noch andere Möglichkeiten der Behandlung gegeben hätte?   ☐ja ☒nein
10. Haben Sie das Gefühl, dass der Arzt Sie ernst nimmt?   ☒ja ☐nein
11. Haben Sie das Gefühl, dem Arzt machtlos ausgeliefert zu sein?   ☐ja ☐nein

Angaben zur Person
☒ weiblich ☐ männlich Alter: 38 Jahre
☐ Ich habe seit meiner Geburt ständig innerhalb der jetzigen fünf neuen Bundesländer gelebt.
☒ Ich habe seit meiner Geburt ständig innerhalb der alten Bundesländer gelebt.
☐ Mein Geburtsort liegt innerhalb der jetzigen fünf neuen Bundesländer, mein derzeitiger Wohnort liegt innerhalb der alten Bundesländer.
☐ Mein Geburtsort liegt innerhalb der alten Bundesländer, mein derzeitiger Wohnort liegt innerhalb der jetzigen fünf neuen Bundesländer.
Welchen Beruf üben Sie zur Zeit aus? _____ Zahnarzthelferin _____
Welchen Schulabschluss besitzen Sie? _____ Mittlere Reife _____
Welchen Hochschulabschluss besitzen Sie? _____

Fragen zur Visite
1. Bitte schätzen Sie den Zeitraum ein, in dem sich die Ärzte während der Visite mit Ihnen / Ihrem Fall durchschnittlich beschäftigen.
   ☐ < 2 Min. ☐ 2 Min. ☐ 3 Min. ☐ 4 Min. ☐ 5 Min. ☒ > 5 Min.
2. Hat der Chefarzt sich persönlich bei Ihnen vorgestellt oder wurde er von einem der anderen Ärzte vorgestellt?
   ☒ persönlich vorgestellt ☐ wurde vorgestellt
3. Haben Sie während der Visite Fragen an den Arzt / die Ärzte gerichtet? ☒ ja ☐ nein
4. Sind diese Fragen zufriedenstellend beantwortet worden? ☒ ja ☐ nein
5. Hat sich der Arzt Ihnen gegenüber verständlich ausgedrückt? ☒ ja ☐ nein

Allgemeine Fragen zur Kommunikationssituation
1. Hatten Sie außerhalb der Visite Gelegenheit mit einem Arzt über die Behandlung Ihrer Krankheit zu sprechen?
   ☐ ja ☐ nein
2. Wissen Sie, welche Medikamente Sie zur Zeit einnehmen? ☐ ja ☐ nein
3. Sind Sie über die Wirkung der Medikamente aufgeklärt worden? ☐ ja ☐ nein
4. Sind Sie über eventuelle Nebenwirkungen der verabreichten Medikamente informiert worden?
   ☐ ja ☐ nein
5. Hatten Sie Angst vor der Behandlung im Krankenhaus? ☐ ja ☒ nein
6. Ist der behandelnde Arzt auf diese Angst eingegangen? ☐ ja ☐ nein
7. Wie schlimm ist Ihre Krankheit für Sie persönlich?
   ☐ sehr schlimm ☒ schlimm ☐ nicht so schlimm ☐ weiß nicht
8. Wissen Sie mit welcher Diagnose Sie ins Krankenhaus eingewiesen wurden? ☒ ja ☐ nein
   Diagnose: _____ Insulin-Verdacht _____
9. Sind Sie von dem einweisenden Arzt darüber informiert worden, ob es noch andere Möglichkeiten der Behandlung gegeben hätte? ☐ ja ☒ nein
10. Haben Sie das Gefühl, dass der Arzt Sie ernst nimmt? ☒ ja ☐ nein
11. Haben Sie das Gefühl, dem Arzt machtlos ausgeliefert zu sein? ☐ ja ☒ nein

Angaben zur Person
☒weiblich ☐männlich   Alter: 19 Jahre
☐Ich habe seit meiner Geburt ständig innerhalb der jetzigen fünf neuen Bundesländer gelebt.
☒Ich habe seit meiner Geburt ständig innerhalb der alten Bundesländer gelebt.
☐Mein Geburtsort liegt innerhalb der jetzigen fünf neuen Bundesländer, mein derzeitiger Wohnort liegt innerhalb der alten Bundesländer.
☐Mein Geburtsort liegt innerhalb der alten Bundesländer, mein derzeitiger Wohnort liegt innerhalb der jetzigen fünf neuen Bundesländer.
Welchen Beruf üben Sie zur Zeit aus? _____Friseurin_____
Welchen Schulabschluss besitzen Sie? _____Realschulabschluss_____
Welchen Hochschulabschluss besitzen Sie? _____

Fragen zur Visite
1. Bitte schätzen Sie den Zeitraum ein, in dem sich die Ärzte während der Visite mit Ihnen / Ihrem Fall durchschnittlich beschäftigen.
   ☐< 2 Min.   ☐2 Min.   ☐3 Min.   ☒4 Min.   ☐5 Min.   ☐ > 5 Min.
2. Hat der Chefarzt sich persönlich bei Ihnen vorgestellt oder wurde er von einem der anderen Ärzte vorgestellt?
   ☒persönlich vorgestellt   ☐wurde vorgestellt
3. Haben Sie während der Visite Fragen an den Arzt / die Ärzte gerichtet?   ☒ja   ☐nein
4. Sind diese Fragen zufriedenstellend beantwortet worden?   ☒ja   ☐nein
5. Hat sich der Arzt Ihnen gegenüber verständlich ausgedrückt?   ☒ja   ☐nein

Allgemeine Fragen zur Kommunikationssituation
1. Hatten Sie außerhalb der Visite Gelegenheit mit einem Arzt über die Behandlung Ihrer Krankheit zu sprechen?
                                                                            ☒ja   ☐nein
2. Wissen Sie, welche Medikamente Sie zur Zeit einnehmen?   ☒ja   ☐nein
3. Sind Sie über die Wirkung der Medikamente aufgeklärt worden?   ☐ja   ☒nein
4. Sind Sie über eventuelle Nebenwirkungen der verabreichten Medikamente informiert worden?
                                                                            ☐ja   ☒nein
5. Hatten Sie Angst vor der Behandlung im Krankenhaus?   ☒ja   ☐nein
6. Ist der behandelnde Arzt auf diese Angst eingegangen?   ☒ja   ☐nein
7. Wie schlimm ist Ihre Krankheit für Sie persönlich?
   ☐sehr schlimm   ☐schlimm   ☐nicht so schlimm   ☒weiß nicht
8. Wissen Sie mit welcher Diagnose Sie ins Krankenhaus eingewiesen wurden? ☒ja   ☐nein
   Diagnose: _____Fieber, Gelenkschmerzen, Hautausschlag_____
9. Sind Sie von dem einweisenden Arzt darüber informiert worden, ob es noch andere Möglichkeiten der Behandlung gegeben hätte?   ☐ja   ☐nein
10. Haben Sie das Gefühl, dass der Arzt Sie ernst nimmt?   ☒ja   ☐nein
11. Haben Sie das Gefühl, dem Arzt machtlos ausgeliefert zu sein?   ☒ja   ☐nein

Angaben zur Person
☒weiblich ☐männlich Alter: 80 Jahre
☐Ich habe seit meiner Geburt ständig innerhalb der jetzigen fünf neuen Bundesländer gelebt.
☒Ich habe seit meiner Geburt ständig innerhalb der alten Bundesländer gelebt.
☐Mein Geburtsort liegt innerhalb der jetzigen fünf neuen Bundesländer, mein derzeitiger Wohnort liegt innerhalb der alten Bundesländer.
☐Mein Geburtsort liegt innerhalb der alten Bundesländer, mein derzeitiger Wohnort liegt innerhalb der jetzigen fünf neuen Bundesländer.
Welchen Beruf üben Sie zur Zeit aus?_____keinen_____
Welchen Schulabschluss besitzen Sie? _____
Welchen Hochschulabschluss besitzen Sie? _____

Fragen zur Visite
1. Bitte schätzen Sie den Zeitraum ein, in dem sich die Ärzte während der Visite mit Ihnen / Ihrem Fall durchschnittlich beschäftigen.
   ☐< 2 Min. ☐2 Min. ☐3 Min. ☐4 Min. ☐5 Min. ☒ > 5 Min.
2. Hat der Chefarzt sich persönlich bei Ihnen vorgestellt oder wurde er von einem der anderen Ärzte vorgestellt?
   ☐persönlich vorgestellt ☐wurde vorgestellt
3. Haben Sie während der Visite Fragen an den Arzt / die Ärzte gerichtet? ☐ja ☒nein
4. Sind diese Fragen zufriedenstellend beantwortet worden? ☐ja ☐nein
5. Hat sich der Arzt Ihnen gegenüber verständlich ausgedrückt? ☒ja ☐nein

Allgemeine Fragen zur Kommunikationssituation
1. Hatten Sie außerhalb der Visite Gelegenheit mit einem Arzt über die Behandlung Ihrer Krankheit zu sprechen?
   ☒ja ☐nein
2. Wissen Sie, welche Medikamente Sie zur Zeit einnehmen? ☒ja ☐nein
3. Sind Sie über die Wirkung der Medikamente aufgeklärt worden? ☒ja ☐nein
4. Sind Sie über eventuelle Nebenwirkungen der verabreichten Medikamente informiert worden?
   ☐ja ☐nein
5. Hatten Sie Angst vor der Behandlung im Krankenhaus? ☒ja ☐nein
6. Ist der behandelnde Arzt auf diese Angst eingegangen? ☒ja ☐nein
7. Wie schlimm ist Ihre Krankheit für Sie persönlich?
   ☐sehr schlimm ☒schlimm ☐nicht so schlimm ☐weiß nicht
8. Wissen Sie mit welcher Diagnose Sie ins Krankenhaus eingewiesen wurden? ☒ja ☐nein
   Diagnose: _____Nieren_____
9. Sind Sie von dem einweisenden Arzt darüber informiert worden, ob es noch andere Möglichkeiten der Behandlung gegeben hätte? ☐ja ☐nein
10. Haben Sie das Gefühl, dass der Arzt Sie ernst nimmt? ☒ja ☐nein
11. Haben Sie das Gefühl, dem Arzt machtlos ausgeliefert zu sein? ☐ja ☒nein

Angaben zur Person

☒ weiblich ☐ männlich   Alter: 34 Jahre

☐ Ich habe seit meiner Geburt ständig innerhalb der jetzigen fünf neuen Bundesländer gelebt.
☒ Ich habe seit meiner Geburt ständig innerhalb der alten Bundesländer gelebt.
☐ Mein Geburtsort liegt innerhalb der jetzigen fünf neuen Bundesländer, mein derzeitiger Wohnort liegt innerhalb der alten Bundesländer.
☐ Mein Geburtsort liegt innerhalb der alten Bundesländer, mein derzeitiger Wohnort liegt innerhalb der jetzigen fünf neuen Bundesländer.

Welchen Beruf üben Sie zur Zeit aus? _____
Welchen Schulabschluss besitzen Sie? _____ Hauptschulabschluss, 10. Klasse _____
Welchen Hochschulabschluss besitzen Sie? _____

Fragen zur Visite

1. Bitte schätzen Sie den Zeitraum ein, in dem sich die Ärzte während der Visite mit Ihnen / Ihrem Fall durchschnittlich beschäftigen.
   ☐ < 2 Min.   ☐ 2 Min.   ☐ 3 Min.   ☐ 4 Min.   ☐ 5 Min.   ☒ > 5 Min.
2. Hat der Chefarzt sich persönlich bei Ihnen vorgestellt oder wurde er von einem der anderen Ärzte vorgestellt?
   ☒ persönlich vorgestellt   ☐ wurde vorgestellt
3. Haben Sie während der Visite Fragen an den Arzt / die Ärzte gerichtet?   ☒ ja   ☐ nein
4. Sind diese Fragen zufriedenstellend beantwortet worden?   ☒ ja   ☐ nein
5. Hat sich der Arzt Ihnen gegenüber verständlich ausgedrückt?   ☒ ja   ☐ nein

Allgemeine Fragen zur Kommunikationssituation

1. Hatten Sie außerhalb der Visite Gelegenheit mit einem Arzt über die Behandlung Ihrer Krankheit zu sprechen?
   ☒ ja   ☐ nein
2. Wissen Sie, welche Medikamente Sie zur Zeit einnehmen?   ☒ ja   ☐ nein
3. Sind Sie über die Wirkung der Medikamente aufgeklärt worden?   ☐ ja   ☐ nein
4. Sind Sie über eventuelle Nebenwirkungen der verabreichten Medikamente informiert worden?
   ☒ ja   ☐ nein
5. Hatten Sie Angst vor der Behandlung im Krankenhaus?   ☒ ja   ☐ nein
6. Ist der behandelnde Arzt auf diese Angst eingegangen?   ☒ ja   ☐ nein
7. Wie schlimm ist Ihre Krankheit für Sie persönlich?
   ☐ sehr schlimm   ☐ schlimm   ☒ nicht so schlimm   ☐ weiß nicht
8. Wissen Sie mit welcher Diagnose Sie ins Krankenhaus eingewiesen wurden?   ☐ ja   ☐ nein
   Diagnose: _____
9. Sind Sie von dem einweisenden Arzt darüber informiert worden, ob es noch andere Möglichkeiten der Behandlung gegeben hätte?   ☐ ja   ☐ nein
10. Haben Sie das Gefühl, dass der Arzt Sie ernst nimmt?   ☒ ja   ☐ nein
11. Haben Sie das Gefühl, dem Arzt machtlos ausgeliefert zu sein?   ☐ ja   ☒ nein

Angaben zur Person
☐weiblich ☒männlich   Alter: <u>57</u> Jahre
☐Ich habe seit meiner Geburt ständig innerhalb der jetzigen fünf neuen Bundesländer gelebt.
☒Ich habe seit meiner Geburt ständig innerhalb der alten Bundesländer gelebt.
☐Mein Geburtsort liegt innerhalb der jetzigen fünf neuen Bundesländer, mein derzeitiger Wohnort liegt innerhalb der alten Bundesländer.
☐Mein Geburtsort liegt innerhalb der alten Bundesländer, mein derzeitiger Wohnort liegt innerhalb der jetzigen fünf neuen Bundesländer.
Welchen Beruf üben Sie zur Zeit aus? <u>Rentner</u>
Welchen Schulabschluss besitzen Sie? <u>Volksschule</u>
Welchen Hochschulabschluss besitzen Sie? _____

Fragen zur Visite
1. Bitte schätzen Sie den Zeitraum ein, in dem sich die Ärzte während der Visite mit Ihnen / Ihrem Fall durchschnittlich beschäftigen.
   ☐< 2 Min.   ☐2 Min.   ☐3 Min.   ☐4 Min.   ☒5 Min.   ☐ > 5 Min.
2. Hat der Chefarzt sich persönlich bei Ihnen vorgestellt oder wurde er von einem der anderen Ärzte vorgestellt?
                                                              ☒persönlich vorgestellt   ☐wurde vorgestellt
3. Haben Sie während der Visite Fragen an den Arzt / die Ärzte gerichtet?   ☒ja   ☐nein
4. Sind diese Fragen zufriedenstellend beantwortet worden?   ☒ja   ☐nein
5. Hat sich der Arzt Ihnen gegenüber verständlich ausgedrückt?   ☒ja   ☐nein

Allgemeine Fragen zur Kommunikationssituation
1. Hatten Sie außerhalb der Visite Gelegenheit mit einem Arzt über die Behandlung Ihrer Krankheit zu sprechen?
                                                                                   ☒ja   ☐nein
2. Wissen Sie, welche Medikamente Sie zur Zeit einnehmen?   ☐ja   ☒nein
3. Sind Sie über die Wirkung der Medikamente aufgeklärt worden?   ☐ja   ☒nein
4. Sind Sie über eventuelle Nebenwirkungen der verabreichten Medikamente informiert worden?
                                                                                   ☐ja   ☒nein
5. Hatten Sie Angst vor der Behandlung im Krankenhaus?   ☐ja   ☒nein
6. Ist der behandelnde Arzt auf diese Angst eingegangen?   ☐ja   ☐nein
7. Wie schlimm ist Ihre Krankheit für Sie persönlich?
   ☐sehr schlimm   ☒schlimm   ☐nicht so schlimm   ☐weiß nicht
8. Wissen Sie mit welcher Diagnose Sie ins Krankenhaus eingewiesen wurden?   ☒ja   ☐nein
   Diagnose: _____
9. Sind Sie von dem einweisenden Arzt darüber informiert worden, ob es noch andere Möglichkeiten der Behandlung gegeben hätte?
                                                                                   ☐ja   ☒nein
10. Haben Sie das Gefühl, dass der Arzt Sie ernst nimmt?   ☒ja   ☐nein
11. Haben Sie das Gefühl, dem Arzt machtlos ausgeliefert zu sein?   ☐ja   ☒nein

Angaben zur Person
☐ weiblich ☒ männlich Alter: 65 Jahre
☐ Ich habe seit meiner Geburt ständig innerhalb der jetzigen fünf neuen Bundesländer gelebt.
☒ Ich habe seit meiner Geburt ständig innerhalb der alten Bundesländer gelebt.
☐ Mein Geburtsort liegt innerhalb der jetzigen fünf neuen Bundesländer, mein derzeitiger Wohnort liegt innerhalb der alten Bundesländer.
☐ Mein Geburtsort liegt innerhalb der alten Bundesländer, mein derzeitiger Wohnort liegt innerhalb der jetzigen fünf neuen Bundesländer.
Welchen Beruf üben Sie zur Zeit aus? _____Rentner_____
Welchen Schulabschluss besitzen Sie? _____Volksschule_____
Welchen Hochschulabschluss besitzen Sie? _____

Fragen zur Visite
1. Bitte schätzen Sie den Zeitraum ein, in dem sich die Ärzte während der Visite mit Ihnen / Ihrem Fall durchschnittlich beschäftigen.
   ☐ < 2 Min. ☐ 2 Min. ☐ 3 Min. ☐ 4 Min. ☒ 5 Min. ☐ > 5 Min.
2. Hat der Chefarzt sich persönlich bei Ihnen vorgestellt oder wurde er von einem der anderen Ärzte vorgestellt?
   ☒ persönlich vorgestellt ☐ wurde vorgestellt
3. Haben Sie während der Visite Fragen an den Arzt / die Ärzte gerichtet? ☒ ja ☐ nein
4. Sind diese Fragen zufriedenstellend beantwortet worden? ☒ ja ☐ nein
5. Hat sich der Arzt Ihnen gegenüber verständlich ausgedrückt? ☒ ja ☐ nein

Allgemeine Fragen zur Kommunikationssituation
1. Hatten Sie außerhalb der Visite Gelegenheit mit einem Arzt über die Behandlung Ihrer Krankheit zu sprechen?
   ☒ ja ☐ nein
2. Wissen Sie, welche Medikamente Sie zur Zeit einnehmen? ☒ ja ☐ nein
3. Sind Sie über die Wirkung der Medikamente aufgeklärt worden? ☒ ja ☐ nein
4. Sind Sie über eventuelle Nebenwirkungen der verabreichten Medikamente informiert worden? ☐ ja ☒ nein
5. Hatten Sie Angst vor der Behandlung im Krankenhaus? ☐ ja ☒ nein
6. Ist der behandelnde Arzt auf diese Angst eingegangen? ☐ ja ☒ nein
7. Wie schlimm ist Ihre Krankheit für Sie persönlich?
   ☐ sehr schlimm ☐ schlimm ☒ nicht so schlimm ☐ weiß nicht
8. Wissen Sie mit welcher Diagnose Sie ins Krankenhaus eingewiesen wurden? ☒ ja ☐ nein
   Diagnose: _____Diabetik_____
9. Sind Sie von dem einweisenden Arzt darüber informiert worden, ob es noch andere Möglichkeiten der Behandlung gegeben hätte? ☒ ja ☐ nein
10. Haben Sie das Gefühl, dass der Arzt Sie ernst nimmt? ☒ ja ☐ nein
11. Haben Sie das Gefühl, dem Arzt machtlos ausgeliefert zu sein? ☐ ja ☒ nein

Angaben zur Person

☐ weiblich ☒ männlich Alter: 52 Jahre

☐ Ich habe seit meiner Geburt ständig innerhalb der jetzigen fünf neuen Bundesländer gelebt.
☒ Ich habe seit meiner Geburt ständig innerhalb der alten Bundesländer gelebt.
☐ Mein Geburtsort liegt innerhalb der jetzigen fünf neuen Bundesländer, mein derzeitiger Wohnort liegt innerhalb der alten Bundesländer.
☐ Mein Geburtsort liegt innerhalb der alten Bundesländer, mein derzeitiger Wohnort liegt innerhalb der jetzigen fünf neuen Bundesländer.

Welchen Beruf üben Sie zur Zeit aus? Ltd. Fachpfleger – Intensiv Unfallchirurgie (Uni-Essen)
Welchen Schulabschluss besitzen Sie? Fachschulreife
Welchen Hochschulabschluss besitzen Sie? _____

Fragen zur Visite

1. Bitte schätzen Sie den Zeitraum ein, in dem sich die Ärzte während der Visite mit Ihnen / Ihrem Fall durchschnittlich beschäftigen.
   ☐ < 2 Min.   ☐ 2 Min.   ☐ 3 Min.   ☒ 4 Min.   ☐ 5 Min.   ☐ > 5 Min.
2. Hat der Chefarzt sich persönlich bei Ihnen vorgestellt oder wurde er von einem der anderen Ärzte vorgestellt?
   ☒ persönlich vorgestellt   ☐ wurde vorgestellt
3. Haben Sie während der Visite Fragen an den Arzt / die Ärzte gerichtet?   ☒ ja   ☐ nein
4. Sind diese Fragen zufriedenstellend beantwortet worden?   ☒ ja   ☐ nein
5. Hat sich der Arzt Ihnen gegenüber verständlich ausgedrückt?   ☒ ja   ☐ nein

Allgemeine Fragen zur Kommunikationssituation

1. Hatten Sie außerhalb der Visite Gelegenheit mit einem Arzt über die Behandlung Ihrer Krankheit zu sprechen?
   ☒ ja   ☐ nein
2. Wissen Sie, welche Medikamente Sie zur Zeit einnehmen?   ☒ ja   ☐ nein
3. Sind Sie über die Wirkung der Medikamente aufgeklärt worden?   ☒ ja   ☐ nein
4. Sind Sie über eventuelle Nebenwirkungen der verabreichten Medikamente informiert worden?   ☐ ja   ☒ nein
5. Hatten Sie Angst vor der Behandlung im Krankenhaus?   ☐ ja   ☒ nein
6. Ist der behandelnde Arzt auf diese Angst eingegangen?   ☐ ja   ☐ nein
7. Wie schlimm ist Ihre Krankheit für Sie persönlich?
   ☐ sehr schlimm   ☐ schlimm   ☒ nicht so schlimm   ☐ weiß nicht
8. Wissen Sie mit welcher Diagnose Sie ins Krankenhaus eingewiesen wurden?   ☒ ja   ☐ nein
   Diagnose: Staphylokokken-Sepsis
9. Sind Sie von dem einweisenden Arzt darüber informiert worden, ob es noch andere Möglichkeiten der Behandlung gegeben hätte?   ☐ ja   ☒ nein
10. Haben Sie das Gefühl, dass der Arzt Sie ernst nimmt?   ☒ ja   ☐ nein
11. Haben Sie das Gefühl, dem Arzt machtlos ausgeliefert zu sein?   ☐ ja   ☒ nein

Angaben zur Person
☐weiblich ☒männlich   Alter: 67 Jahre
☐Ich habe seit meiner Geburt ständig innerhalb der jetzigen fünf neuen Bundesländer gelebt.
☐Ich habe seit meiner Geburt ständig innerhalb der alten Bundesländer gelebt.
☐Mein Geburtsort liegt innerhalb der jetzigen fünf neuen Bundesländer, mein derzeitiger Wohnort liegt innerhalb der alten Bundesländer.
☐Mein Geburtsort liegt innerhalb der alten Bundesländer, mein derzeitiger Wohnort liegt innerhalb der jetzigen fünf neuen Bundesländer.
Welchen Beruf üben Sie zur Zeit aus?_____Rentner_____
Welchen Schulabschluss besitzen Sie?_____Volksschule_____
Welchen Hochschulabschluss besitzen Sie? _____

Fragen zur Visite
1. Bitte schätzen Sie den Zeitraum ein, in dem sich die Ärzte während der Visite mit Ihnen / Ihrem Fall durchschnittlich beschäftigen.
   ☐< 2 Min.   ☐2 Min.   ☒3 Min.   ☐4 Min.   ☐5 Min.   ☐> 5 Min.
2. Hat der Chefarzt sich persönlich bei Ihnen vorgestellt oder wurde er von einem der anderen Ärzte vorgestellt?
   ☒persönlich vorgestellt   ☐wurde vorgestellt
3. Haben Sie während der Visite Fragen an den Arzt / die Ärzte gerichtet?   ☒ja   ☐nein
4. Sind diese Fragen zufriedenstellend beantwortet worden?   ☐ja   ☒nein
5. Hat sich der Arzt Ihnen gegenüber verständlich ausgedrückt?   ☒ja   ☐nein

Allgemeine Fragen zur Kommunikationssituation
1. Hatten Sie außerhalb der Visite Gelegenheit mit einem Arzt über die Behandlung Ihrer Krankheit zu sprechen?
   ☐ja   ☒nein
2. Wissen Sie, welche Medikamente Sie zur Zeit einnehmen?   ☒ja   ☐nein
3. Sind Sie über die Wirkung der Medikamente aufgeklärt worden?   ☐ja   ☒nein
4. Sind Sie über eventuelle Nebenwirkungen der verabreichten Medikamente informiert worden?
   ☐ja   ☒nein
5. Hatten Sie Angst vor der Behandlung im Krankenhaus?   ☒ja   ☒nein
6. Ist der behandelnde Arzt auf diese Angst eingegangen?   ☒ja   ☒nein
7. Wie schlimm ist Ihre Krankheit für Sie persönlich?
   ☒sehr schlimm   ☐schlimm   ☐nicht so schlimm   ☐weiß nicht
8. Wissen Sie mit welcher Diagnose Sie ins Krankenhaus eingewiesen wurden?   ☒ja   ☐nein
   Diagnose: __Akromegalie, Herz, Darm, Durchblutung._____
9. Sind Sie von dem einweisenden Arzt darüber informiert worden, ob es noch andere Möglichkeiten der Behandlung gegeben hätte?   ☐ja   ☒nein
10. Haben Sie das Gefühl, dass der Arzt Sie ernst nimmt?   ☒ja   ☐nein
11. Haben Sie das Gefühl, dem Arzt machtlos ausgeliefert zu sein?   ☒ja   ☒nein

Angaben zur Person

☐ weiblich ☒ männlich   Alter: 42 Jahre
☐ Ich habe seit meiner Geburt ständig innerhalb der jetzigen fünf neuen Bundesländer gelebt.
☒ Ich habe seit meiner Geburt ständig innerhalb der alten Bundesländer gelebt.
☐ Mein Geburtsort liegt innerhalb der jetzigen fünf neuen Bundesländer, mein derzeitiger Wohnort liegt innerhalb der alten Bundesländer.
☐ Mein Geburtsort liegt innerhalb der alten Bundesländer, mein derzeitiger Wohnort liegt innerhalb der jetzigen fünf neuen Bundesländer.

Welchen Beruf üben Sie zur Zeit aus? _____ Gartenfacharbeiter (Arbeitsbereich Friedhof) _____
Welchen Schulabschluss besitzen Sie? _____ Hauptschule 9. Klasse _____
Welchen Hochschulabschluss besitzen Sie? _____

Fragen zur Visite

1. Bitte schätzen Sie den Zeitraum ein, in dem sich die Ärzte während der Visite mit Ihnen / Ihrem Fall durchschnittlich beschäftigen.
   ☐ < 2 Min. ☐ 2 Min. ☒ 3 Min. ☐ 4 Min. ☐ 5 Min. ☐ > 5 Min.
2. Hat der Chefarzt sich persönlich bei Ihnen vorgestellt oder wurde er von einem der anderen Ärzte vorgestellt?
   ☒ persönlich vorgestellt ☐ wurde vorgestellt
3. Haben Sie während der Visite Fragen an den Arzt / die Ärzte gerichtet? ☒ ja ☐ nein
4. Sind diese Fragen zufriedenstellend beantwortet worden? ☒ ja ☐ nein
5. Hat sich der Arzt Ihnen gegenüber verständlich ausgedrückt? ☒ ja ☐ nein

Allgemeine Fragen zur Kommunikationssituation

1. Hatten Sie außerhalb der Visite Gelegenheit mit einem Arzt über die Behandlung Ihrer Krankheit zu sprechen?
   ☒ ja ☐ nein
2. Wissen Sie, welche Medikamente Sie zur Zeit einnehmen? ☒ ja ☐ nein
3. Sind Sie über die Wirkung der Medikamente aufgeklärt worden? ☒ ja ☐ nein
4. Sind Sie über eventuelle Nebenwirkungen der verabreichten Medikamente informiert worden? ☒ ja ☐ nein
5. Hatten Sie Angst vor der Behandlung im Krankenhaus? ☐ ja ☒ nein
6. Ist der behandelnde Arzt auf diese Angst eingegangen? ☐ ja ☒ nein
7. Wie schlimm ist Ihre Krankheit für Sie persönlich?
   ☐ sehr schlimm ☐ schlimm ☐ nicht so schlimm ☒ weiß nicht
8. Wissen Sie mit welcher Diagnose Sie ins Krankenhaus eingewiesen wurden? ☒ ja ☐ nein
   Diagnose: _____ Schilddrüsenerkrankung _____
9. Sind Sie von dem einweisenden Arzt darüber informiert worden, ob es noch andere Möglichkeiten der Behandlung gegeben hätte? ☒ ja ☐ nein
10. Haben Sie das Gefühl, dass der Arzt Sie ernst nimmt? ☒ ja ☐ nein
11. Haben Sie das Gefühl, dem Arzt machtlos ausgeliefert zu sein? ☐ ja ☒ nein

Angaben zur Person
☐ weiblich ☒ männlich   Alter: 49 Jahre
☐ Ich habe seit meiner Geburt ständig innerhalb der jetzigen fünf neuen Bundesländer gelebt.
☒ Ich habe seit meiner Geburt ständig innerhalb der alten Bundesländer gelebt.
☐ Mein Geburtsort liegt innerhalb der jetzigen fünf neuen Bundesländer, mein derzeitiger Wohnort liegt innerhalb der alten Bundesländer.
☐ Mein Geburtsort liegt innerhalb der alten Bundesländer, mein derzeitiger Wohnort liegt innerhalb der jetzigen fünf neuen Bundesländer.
Welchen Beruf üben Sie zur Zeit aus? _____ gepr. Schwimmmeister _____
Welchen Schulabschluss besitzen Sie? _____ Meisterschule _____
Welchen Hochschulabschluss besitzen Sie? _____

Fragen zur Visite
1. Bitte schätzen Sie den Zeitraum ein, in dem sich die Ärzte während der Visite mit Ihnen / Ihrem Fall durchschnittlich beschäftigen.
   ☐ < 2 Min.   ☐ 2 Min.   ☐ 3 Min.   ☐ 4 Min.   ☒ 5 Min.   ☐ > 5 Min.
2. Hat der Chefarzt sich persönlich bei Ihnen vorgestellt oder wurde er von einem der anderen Ärzte vorgestellt?
                                                             ☒ persönlich vorgestellt ☐ wurde vorgestellt
3. Haben Sie während der Visite Fragen an den Arzt / die Ärzte gerichtet?   ☒ ja   ☐ nein
4. Sind diese Fragen zufriedenstellend beantwortet worden?   ☒ ja   ☐ nein
5. Hat sich der Arzt Ihnen gegenüber verständlich ausgedrückt?   ☒ ja   ☐ nein

Allgemeine Fragen zur Kommunikationssituation
1. Hatten Sie außerhalb der Visite Gelegenheit mit einem Arzt über die Behandlung Ihrer Krankheit zu sprechen?
                                                                                      ☒ ja   ☐ nein
2. Wissen Sie, welche Medikamente Sie zur Zeit einnehmen?   ☒ ja   ☐ nein
3. Sind Sie über die Wirkung der Medikamente aufgeklärt worden?   ☒ ja   ☐ nein
4. Sind Sie über eventuelle Nebenwirkungen der verabreichten Medikamente informiert worden?
                                                                                      ☒ ja   ☐ nein
5. Hatten Sie Angst vor der Behandlung im Krankenhaus?   ☒ ja   ☐ nein
6. Ist der behandelnde Arzt auf diese Angst eingegangen?   ☒ ja   ☐ nein
7. Wie schlimm ist Ihre Krankheit für Sie persönlich?
   ☐ sehr schlimm   ☐ schlimm   ☒ nicht so schlimm   ☐ weiß nicht
8. Wissen Sie mit welcher Diagnose Sie ins Krankenhaus eingewiesen wurden?   ☒ ja   ☐ nein
   Diagnose: _____ Tumor der Hypophyse _____
9. Sind Sie von dem einweisenden Arzt darüber informiert worden, ob es noch andere Möglichkeiten der Behandlung gegeben hätte?   ☒ ja   ☐ nein
10. Haben Sie das Gefühl, dass der Arzt Sie ernst nimmt?   ☒ ja   ☐ nein
11. Haben Sie das Gefühl, dem Arzt machtlos ausgeliefert zu sein?   ☐ ja   ☒ nein

Angaben zur Person
☐ weiblich   ☒ männlich   Alter: 28 Jahre
☐ Ich habe seit meiner Geburt ständig innerhalb der jetzigen fünf neuen Bundesländer gelebt.
☒ Ich habe seit meiner Geburt ständig innerhalb der alten Bundesländer gelebt.
☐ Mein Geburtsort liegt innerhalb der jetzigen fünf neuen Bundesländer, mein derzeitiger Wohnort liegt innerhalb der alten Bundesländer.
☐ Mein Geburtsort liegt innerhalb der alten Bundesländer, mein derzeitiger Wohnort liegt innerhalb der jetzigen fünf neuen Bundesländer.
Welchen Beruf üben Sie zur Zeit aus?_____Schlosser_____
Welchen Schulabschluss besitzen Sie?_____Hauptschulabschluss_____
Welchen Hochschulabschluss besitzen Sie? _____

Fragen zur Visite
1. Bitte schätzen Sie den Zeitraum ein, in dem sich die Ärzte während der Visite mit Ihnen / Ihrem Fall durchschnittlich beschäftigen.
   ☐ < 2 Min.   ☐ 2 Min.   ☒ 3 Min.   ☐ 4 Min.   ☐ 5 Min.   ☐ > 5 Min.
2. Hat der Chefarzt sich persönlich bei Ihnen vorgestellt oder wurde er von einem der anderen Ärzte vorgestellt?
   ☒ persönlich vorgestellt   ☐ wurde vorgestellt
3. Haben Sie während der Visite Fragen an den Arzt / die Ärzte gerichtet?   ☒ ja   ☐ nein
4. Sind diese Fragen zufriedenstellend beantwortet worden?   ☒ ja   ☐ nein
5. Hat sich der Arzt Ihnen gegenüber verständlich ausgedrückt?   ☒ ja   ☐ nein

Allgemeine Fragen zur Kommunikationssituation
1. Hatten Sie außerhalb der Visite Gelegenheit mit einem Arzt über die Behandlung Ihrer Krankheit zu sprechen?
                                                                                                    ☒ ja   ☐ nein
2. Wissen Sie, welche Medikamente Sie zur Zeit einnehmen?   ☒ ja   ☐ nein
3. Sind Sie über die Wirkung der Medikamente aufgeklärt worden?   ☒ ja   ☐ nein
4. Sind Sie über eventuelle Nebenwirkungen der verabreichten Medikamente informiert worden?
                                                                                                    ☒ ja   ☐ nein
5. Hatten Sie Angst vor der Behandlung im Krankenhaus?   ☐ ja   ☒ nein
6. Ist der behandelnde Arzt auf diese Angst eingegangen?   ☐ ja   ☒ nein
7. Wie schlimm ist Ihre Krankheit für Sie persönlich?
   ☐ sehr schlimm   ☐ schlimm   ☒ nicht so schlimm   ☐ weiß nicht
8. Wissen Sie mit welcher Diagnose Sie ins Krankenhaus eingewiesen wurden?   ☒ ja   ☐ nein
   Diagnose: _____Herzrhytmusstörungen_____
9. Sind Sie von dem einweisenden Arzt darüber informiert worden, ob es noch andere Möglichkeiten der Behandlung gegeben hätte?   ☒ ja   ☐ nein
10. Haben Sie das Gefühl, dass der Arzt Sie ernst nimmt?   ☒ ja   ☐ nein
11. Haben Sie das Gefühl, dem Arzt machtlos ausgeliefert zu sein?   ☐ ja   ☒ nein

6.1.2 Fragebogen (Ärzte)

Angaben zur Person
☐ weiblich   ☐ männlich   Alter: __ Jahre
☐ Ich habe seit meiner Geburt ständig innerhalb der jetzigen fünf neuen Bundesländer gelebt.
☐ Ich habe seit meiner Geburt ständig innerhalb der alten Bundesländer gelebt.
☐ Mein Geburtsort liegt innerhalb der jetzigen fünf neuen Bundesländer, mein derzeitiger Wohnort liegt innerhalb der alten Bundesländer.
☐ Mein Geburtsort liegt innerhalb der alten Bundesländer, mein derzeitiger Wohnort liegt innerhalb der jetzigen fünf neuen Bundesländer.[148]

Fragen zur Visite
1. Wie lange dauert durchschnittlich das Gespräch mit dem einzelnen Patienten bei der Visite?[149]
   ☐ < 2 Min.   ☐ 2 Min.   ☐ 3 Min.   ☐ 4 Min.   ☐ 5 Min.   ☐ > 5 Min.
2. Stellt der Chefarzt sich persönlich bei den Patienten vor oder wird er von einem der anderen Ärzte vorgestellt?
   ☐ stellt sich persönlich vor   ☐ wird vorgestellt
3. Richtet der Patient während der Visite Fragen an Sie?   ☐ ja   ☐ nein

Allgemeine Fragen zur Kommunikationssituation
1. Wie oft sprechen Sie pro Tag mit jedem einzelnen Patienten Patientin außerhalb der Visite? _____
2. Wie lange dauern diese Gespräche im Durchschnitt? _____
3. Wie schlimm schätzen Sie die Krankheit für den Patienten ein?[150]
   ☐ sehr schlimm   ☐ schlimm   ☐ nicht so schlimm   ☐ weiß nicht
4. Wie schlimm schätzt der Patient die Krankheit Ihrer Meinung nach ein?
   ☐ sehr schlimm   ☐ schlimm   ☐ nicht so schlimm   ☐ weiß nicht
5. Glauben Sie, dass die Patienten ausreichend über Wirkung und eventuelle Nebenwirkungen von Medikamenten informiert sind?   ☐ ja   ☐ nein
6. Haben Sie das Gefühl, Macht über die Patienten zu besitzen?   ☐ ja   ☐ nein
7. Waren Sie selbst schon einmal Patient in einem Krankenhaus?   ☐ ja   ☐ nein
8. Verhalten Sie sich den Patienten gegenüber seither anders als vorher?   ☐ ja   ☐ nein

---

[148] M. E. sind diese Angaben wichtig, um herauszufinden, ob es Unterschiede beim Kommunikationsverhalten zwischen Ärzten aus den neuen und den alten Bundesländern gibt.
[149] Schätzen Ärzte und Patienten den Zeitraum gleich ein?
[150] Wie sich im nächsten Abschnitt an den ausgefüllten Fragebögen zeigen wird, war diese Frage falsch gestellt und somit von den Ärzten nicht zu beantworten. Diese Frage kann nur auf jeden einzelnen Patienten bezogen werden, nicht aber auf alle Patienten allgemein.

6.1.2.1 Fragebogen (Ärzte in Dresden)

Angaben zur Person (Chefarzt)

☐weiblich ☒männlich Alter: 62 Jahre

☒Ich habe seit meiner Geburt ständig innerhalb der jetzigen fünf neuen Bundesländer gelebt.
☐Ich habe seit meiner Geburt ständig innerhalb der alten Bundesländer gelebt.
☐Mein Geburtsort liegt innerhalb der jetzigen fünf neuen Bundesländer, mein derzeitiger Wohnort liegt innerhalb der alten Bundesländer.
☐Mein Geburtsort liegt innerhalb der alten Bundesländer, mein derzeitiger Wohnort liegt innerhalb der jetzigen fünf neuen Bundesländer.

Fragen zur Visite

1. Wie lange dauert durchschnittlich das Gespräch mit dem einzelnen Patienten?
   ☐< 2 Min. ☐2 Min. ☐3 Min. ☐4 Min. ☒5 Min. ☐> 5 Min.
2. Stellt der Chefarzt sich persönlich bei den Patienten vor oder wird er von einem der anderen Ärzte vorgestellt?
   ☒stelle mich persönlich vor ☒werde vorgestellt
3. Richtet der Patient während der Visite Fragen an Sie? ☒ja ☐nein

Allgemeine Fragen zur Kommunikationssituation

1. Wie oft sprechen Sie pro Tag mit jedem einzelnen Patienten außerhalb der Visite?
   _1 – 2 x_____
2. Wie lange dauern diese Gespräche im Durchschnitt? _____
3. Wie schlimm schätzen Sie die Krankheit für den Patienten ein?
   ☐sehr schlimm ☐schlimm ☐nicht so schlimm ☐weiß nicht
4. Wie schlimm schätzt der Patient die Krankheit Ihrer Meinung nach ein?
   ☐sehr schlimm ☐schlimm ☐nicht so schlimm ☐weiß nicht
5. Glauben Sie, dass die Patienten ausreichend über Wirkung und eventuelle Nebenwirkungen von Medikamenten informiert sind? ☐ja ☒nein
6. Haben Sie das Gefühl, Macht über die Patienten zu besitzen? ☒ja ☐nein
7. Waren Sie selbst schon einmal Patient in einem Krankenhaus? ☒ja ☐nein
8. Verhalten Sie sich den Patienten gegenüber seither anders als vorher? ☐ja ☒nein

Angaben zur Person (Stationsarzt)
☐ weiblich ☒ männlich Alter: 29 Jahre
☐ Ich habe seit meiner Geburt ständig innerhalb der jetzigen fünf neuen Bundesländer gelebt.
☐ Ich habe seit meiner Geburt ständig innerhalb der alten Bundesländer gelebt.
☐ Mein Geburtsort liegt innerhalb der jetzigen fünf neuen Bundesländer, mein derzeitiger Wohnort liegt innerhalb der alten Bundesländer.
☒ Mein Geburtsort liegt innerhalb der alten Bundesländer, mein derzeitiger Wohnort liegt innerhalb der jetzigen fünf neuen Bundesländer.

Fragen zur Visite
1. Wie lange dauert durchschnittlich das Gespräch mit dem einzelnen Patienten bei der Visite?
   ☐ < 2 Min.   ☐ 2 Min.   ☐ 3 Min.   ☒ 4 Min.   ☐ 5 Min.   ☐ > 5 Min.
2. Stellt der Chefarzt sich persönlich bei den Patienten vor oder wird er von einem der anderen Ärzte vorgestellt?
   ☐ stellt sich persönlich vor   ☐ wird vorgestellt
3. Richtet der Patient während der Visite Fragen an Sie?   ☒ ja   ☐ nein

Allgemeine Fragen zur Kommunikationssituation
1. Wie oft sprechen Sie pro Tag mit jedem einzelnen Patienten außerhalb der Visite?
   __2 – 3 x__
2. Wie lange dauern diese Gespräche im Durchschnitt __3 Minuten__
3. Wie schlimm schätzen Sie die Krankheit für den Patienten ein?
   ☐ sehr schlimm   ☐ schlimm   ☐ nicht so schlimm   ☐ weiß nicht
4. Wie schlimm schätzt der Patient die Krankheit Ihrer Meinung nach ein?
   ☐ sehr schlimm   ☐ schlimm   ☐ nicht so schlimm   ☐ weiß nicht
5. Glauben Sie, dass die Patienten ausreichend über Wirkung und eventuelle Nebenwirkungen von Medikamenten informiert sind?   ☒ ja   ☐ nein
6. Haben Sie das Gefühl, Macht über die Patienten zu besitzen?   ☐ ja   ☒ nein
7. Waren Sie selbst schon einmal Patient in einem Krankenhaus?   ☐ ja   ☒ nein
8. Verhalten Sie sich den Patienten gegenüber seither anders als vorher?   ☐ ja   ☒ nein

Angaben zur Person (Assistenzarzt)

☒ weiblich   ☐ männlich   Alter: 46 Jahre
☐ Ich habe seit meiner Geburt ständig innerhalb der jetzigen fünf neuen Bundesländer gelebt.
☐ Ich habe seit meiner Geburt ständig innerhalb der alten Bundesländer gelebt.
☐ Mein Geburtsort liegt innerhalb der jetzigen fünf neuen Bundesländer, mein derzeitiger Wohnort liegt innerhalb der alten Bundesländer.
☒ Mein Geburtsort liegt innerhalb der alten Bundesländer, mein derzeitiger Wohnort liegt innerhalb der jetzigen fünf neuen Bundesländer.

Fragen zur Visite
1. Wie lange dauert durchschnittlich das Gespräch mit dem einzelnen Patienten bei der Visite?
   ☐ < 2 Min.   ☐ 2 Min.   ☐ 3 Min.   ☐ 4 Min.   ☒ 5 Min.   ☐ > 5 Min.
2. Stellt der Chefarzt sich persönlich bei den Patienten vor oder wird er von einem der anderen Ärzte vorgestellt?
   ☐ stellt sich persönlich vor   ☒ wird vorgestellt
3. Richtet der Patient während der Visite Fragen an Sie?   ☒ ja   ☐ nein

Allgemeine Fragen zur Kommunikationssituation
1. Wie oft sprechen Sie pro Tag mit jedem einzelnen Patienten außerhalb der Visite?
   unterschiedlich
2. Wie lange dauern diese Gespräche im Durchschnitt?   _5 – 10 Minuten_
3. Wie schlimm schätzen Sie die Krankheit für den Patienten ein?
   ☐ sehr schlimm   ☐ schlimm   ☐ nicht so schlimm   ☐ weiß nicht
4. Wie schlimm schätzt der Patient die Krankheit Ihrer Meinung nach ein?
   ☐ sehr schlimm   ☐ schlimm   ☐ nicht so schlimm   ☐ weiß nicht
5. Glauben Sie, dass die Patienten ausreichend über Wirkung und eventuelle Nebenwirkungen von Medikamenten informiert sind?   ☐ ja   ☒ nein
6. Haben Sie das Gefühl, Macht über die Patienten zu besitzen?   ☐ ja   ☒ nein
7. Waren Sie selbst schon einmal Patient in einem Krankenhaus?   ☒ ja   ☐ nein
8. Verhalten Sie sich den Patienten gegenüber seither anders als vorher?   ☐ ja   ☒ nein

Angaben zur Person (PJ'ler)
☒weiblich ☐männlich Alter: 24 Jahre
☒Ich habe seit meiner Geburt ständig innerhalb der jetzigen fünf neuen Bundesländer gelebt.
☐Ich habe seit meiner Geburt ständig innerhalb der alten Bundesländer gelebt.
☐Mein Geburtsort liegt innerhalb der jetzigen fünf neuen Bundesländer, mein derzeitiger Wohnort liegt innerhalb der alten Bundesländer.
☐Mein Geburtsort liegt innerhalb der alten Bundesländer, mein derzeitiger Wohnort liegt innerhalb der jetzigen fünf neuen Bundesländer.

Fragen zur Visite
1. Wie lange dauert durchschnittlich das Gespräch mit dem einzelnen Patienten bei der Visite?
    ☐< 2 Min. ☐2 Min. ☐3 Min. ☒4 Min. ☐5 Min. ☐ > 5 Min.
2. Stellt der Chefarzt sich persönlich bei den Patienten vor oder wird er von einem der anderen Ärzte vorgestellt?
    ☒stellt sich persönlich vor ☐wird vorgestellt
3. Richtet der Patient während der Visite Fragen an Sie? ☒ja ☐nein

Allgemeine Fragen zur Kommunikationssituation
1. Wie oft sprechen Sie pro Tag mit jedem einzelnen Patienten außerhalb der Visite?
    nicht mit jedem Patienten, nur wenn ich mit ihm Kontakt im Rahmen von diagnostischen Aufgaben habe
2. Wie lange dauern diese Gespräche im Durchschnitt? 5 Minuten
3. Wie schlimm schätzen Sie die Krankheit für den Patienten ein?
    ☐sehr schlimm ☐schlimm ☐nicht so schlimm ☐weiß nicht
4. Wie schlimm schätzt der Patient die Krankheit Ihrer Meinung nach ein?
    ☐sehr schlimm ☐schlimm ☐nicht so schlimm ☐weiß nicht
5. Glauben Sie, dass die Patienten ausreichend über Wirkung und eventuelle Nebenwirkungen von Medikamenten informiert sind? ☒ja ☐nein
6. Haben Sie das Gefühl, Macht über die Patienten zu besitzen? ☒ja ☐nein
7. Waren Sie selbst schon einmal Patient in einem Krankenhaus? ☒ja ☐nein
8. Verhalten Sie sich den Patienten gegenüber seither anders als vorher? ☐ja ☒nein

Angaben zur Person (PJ'ler)
☒weiblich ☐männlich Alter: 26 Jahre
☒Ich habe seit meiner Geburt ständig innerhalb der jetzigen fünf neuen Bundesländer gelebt.
☐Ich habe seit meiner Geburt ständig innerhalb der alten Bundesländer gelebt.
☐Mein Geburtsort liegt innerhalb der jetzigen fünf neuen Bundesländer, mein derzeitiger Wohnort liegt innerhalb der alten Bundesländer.
☐Mein Geburtsort liegt innerhalb der alten Bundesländer, mein derzeitiger Wohnort liegt innerhalb der jetzigen fünf neuen Bundesländer.

Fragen zur Visite
1. Wie lange dauert durchschnittlich das Gespräch mit dem einzelnen Patienten bei der Visite?
   ☐< 2 Min.   ☒2 Min.   ☐3 Min.   ☐4 Min.   ☐5 Min.   ☐ > 5 Min.
2. Stellt der Chefarzt sich persönlich bei den Patienten vor oder wird er von einem der anderen Ärzte vorgestellt?
   ☐stellt sich persönlich vor   ☒wird vorgestellt
3. Richtet der Patient während der Visite Fragen an Sie?   ☐ja ☒nein

Allgemeine Fragen zur Kommunikationssituation
1. Wie oft sprechen Sie pro Tag mit jedem einzelnen Patienten außerhalb der Visite?
   ~ 1 x
2. Wie lange dauern diese Gespräche im Durchschnitt? 1 Minute
3. Wie schlimm schätzen Sie die Krankheit / Verletzung für den Patienten ein?
   ☐sehr schlimm   ☐schlimm   ☐nicht so schlimm   ☐weiß nicht
4. Wie schlimm schätzt der Patient die Krankheit Ihrer Meinung nach ein?
   ☐sehr schlimm   ☐schlimm   ☐nicht so schlimm   ☐weiß nicht
5. Glauben Sie, dass die Patienten ausreichend über Wirkung und eventuelle Nebenwirkungen von Medikamenten informiert sind?   ☒ja   ☐nein
6. Haben Sie das Gefühl, Macht über die Patienten zu besitzen?   ☐ja   ☒nein
7. Waren Sie selbst schon einmal Patient in einem Krankenhaus?   ☒ja   ☐nein
8. Verhalten Sie sich den Patienten gegenüber seither anders als vorher?   ☐ja   ☒nein

6.1.2.2 Fragebogen (Ärzte in Essen)

Angaben zur Person (Chefarzt)
☐ weiblich ☒ männlich Alter: <u>53</u> Jahre
☐ Ich habe seit meiner Geburt ständig innerhalb der jetzigen fünf neuen Bundesländer gelebt.
☒ Ich habe seit meiner Geburt ständig innerhalb der alten Bundesländer gelebt.
☐ Mein Geburtsort liegt innerhalb der jetzigen fünf neuen Bundesländer, mein derzeitiger Wohnort liegt innerhalb der alten Bundesländer.
☐ Mein Geburtsort liegt innerhalb der alten Bundesländer, mein derzeitiger Wohnort liegt innerhalb der jetzigen fünf neuen Bundesländer.

Fragen zur Visite
1. Wie lange dauert durchschnittlich das Gespräch mit dem einzelnen Patienten?
   ☐ < 2 Min. ☐ 2 Min. ☐ 3 Min. ☐ 4 Min. ☒ 5 Min. ☐ > 5 Min.
2. Stellt der Chefarzt sich persönlich bei den Patienten vor oder wird er von einem der anderen Ärzte vorgestellt?
   ☐ stelle mich persönlich vor ☒ werde vorgestellt
3. Richtet der Patient während der Visite Fragen an Sie? ☒ ja ☐ nein

Allgemeine Fragen zur Kommunikationssituation
1. Wie oft sprechen Sie pro Tag mit jedem einzelnen Patienten außerhalb der Visite?
   <u>- 1 x</u>
2. Wie lange dauern diese Gespräche im Durchschnitt? <u>5 Minuten</u>
3. Wie schlimm schätzen Sie die Krankheit für den Patienten ein?
   ☐ sehr schlimm ☐ schlimm ☐ nicht so schlimm ☐ weiß nicht
4. Wie schlimm schätzt der Patient die Krankheit Ihrer Meinung nach ein?
   ☐ sehr schlimm ☐ schlimm ☐ nicht so schlimm ☐ weiß nicht
5. Glauben Sie, dass die Patienten ausreichend über Wirkung und eventuelle Nebenwirkungen von Medikamenten informiert sind? ☒ ja ☐ nein
6. Haben Sie das Gefühl, Macht über die Patienten zu besitzen? ☒ ja ☐ nein
7. Waren Sie selbst schon einmal Patient in einem Krankenhaus? ☒ ja ☐ nein
8. Verhalten Sie sich den Patienten gegenüber seither anders als vorher? ☐ ja ☒ nein

Angaben zur Person (Oberarzt)
☐ weiblich ☒ männlich Alter: 44 Jahre
☐ Ich habe seit meiner Geburt ständig innerhalb der jetzigen fünf neuen Bundesländer gelebt.
☒ Ich habe seit meiner Geburt ständig innerhalb der alten Bundesländer gelebt.
☐ Mein Geburtsort liegt innerhalb der jetzigen fünf neuen Bundesländer, mein derzeitiger Wohnort liegt innerhalb der alten Bundesländer.
☐ Mein Geburtsort liegt innerhalb der alten Bundesländer, mein derzeitiger Wohnort liegt innerhalb der jetzigen fünf neuen Bundesländer.

Fragen zur Visite
1. Wie lange dauert durchschnittlich das Gespräch mit dem einzelnen Patienten bei der Visite?
   ☐ < 2 Min. ☐ 2 Min. ☐ 3 Min. ☐ 4 Min. ☐ 5 Min. ☒ > 5 Min.
2. Stellt der Chefarzt sich persönlich bei den Patienten vor oder wird er von einem der anderen Ärzte vorgestellt?
   ☐ stellt sich persönlich vor ☒ wird vorgestellt
3. Richtet der Patient während der Visite Fragen an Sie? ☒ ja ☐ nein

Allgemeine Fragen zur Kommunikationssituation
1. Wie oft sprechen Sie pro Tag mit jedem einzelnen Patienten außerhalb der Visite?
   0,5 x
2. Wie lange dauern diese Gespräche im Durchschnitt   15 Minuten
3. Wie schlimm schätzen Sie die Krankheit für den Patienten ein?
   ☐ sehr schlimm ☐ schlimm ☐ nicht so schlimm ☐ weiß nicht
4. Wie schlimm schätzt der Patient die Krankheit Ihrer Meinung nach ein?
   ☐ sehr schlimm ☐ schlimm ☐ nicht so schlimm ☐ weiß nicht
5. Glauben Sie, dass die Patienten ausreichend über Wirkung und eventuelle Nebenwirkungen von Medikamenten informiert sind? ☐ ja ☒ nein
6. Haben Sie das Gefühl, Macht über die Patienten zu besitzen? ☐ ja ☒ nein
7. Waren Sie selbst schon einmal Patient in einem Krankenhaus? ☒ ja ☐ nein
8. Verhalten Sie sich den Patienten gegenüber seither anders als vorher? ☐ ja ☒ nein

Angaben zur Person (Oberarzt)
☐ weiblich ☒ männlich   Alter: 37 Jahre
☐ Ich habe seit meiner Geburt ständig innerhalb der jetzigen fünf neuen Bundesländer gelebt.
☒ Ich habe seit meiner Geburt ständig innerhalb der alten Bundesländer gelebt.
☐ Mein Geburtsort liegt innerhalb der jetzigen fünf neuen Bundesländer, mein derzeitiger Wohnort liegt innerhalb der alten Bundesländer.
☐ Mein Geburtsort liegt innerhalb der alten Bundesländer, mein derzeitiger Wohnort liegt innerhalb der jetzigen fünf neuen Bundesländer.

Fragen zur Visite
1. Wie lange dauert durchschnittlich das Gespräch mit dem einzelnen Patienten bei der Visite?
   ☐ < 2 Min.   ☒ 2 Min.   ☐ 3 Min.   ☐ 4 Min.   ☐ 5 Min.   ☐ > 5 Min.
2. Stellt der Chefarzt sich persönlich bei den Patienten vor oder wird er von einem der anderen Ärzte vorgestellt?
                                                          ☐ stellt sich persönlich vor   ☒ wird vorgestellt
3. Richtet der Patient während der Visite Fragen an Sie?   ☒ ja   ☐ nein

Allgemeine Fragen zur Kommunikationssituation
1. Wie oft sprechen Sie pro Tag mit jedem einzelnen Patienten außerhalb der Visite?
   nur in Einzelfällen
2. Wie lange dauern diese Gespräche im Durchschnitt? ___15 Minuten___
3. Wie schlimm schätzen Sie die Krankheit für den Patienten ein?
   ☐ sehr schlimm   ☐ schlimm   ☐ nicht so schlimm   ☐ weiß nicht
4. Wie schlimm schätzt der Patient die Krankheit Ihrer Meinung nach ein?
   ☐ sehr schlimm   ☐ schlimm   ☐ nicht so schlimm   ☐ weiß nicht
5. Glauben Sie, dass die Patienten ausreichend über Wirkung und eventuelle Nebenwirkungen von Medikamenten informiert sind?   ☐ ja   ☒ nein
6. Haben Sie das Gefühl, Macht über die Patienten zu besitzen?   ☐ ja   ☒ nein
7. Waren Sie selbst schon einmal Patient in einem Krankenhaus?   ☐ ja   ☒ nein
8. Verhalten Sie sich den Patienten gegenüber seither anders als vorher?   ☐ ja   ☐ nein

Angaben zur Person (Stationsarzt)
☐ weiblich   ☒ männlich   Alter: 29 Jahre
☐ Ich habe seit meiner Geburt ständig innerhalb der jetzigen fünf neuen Bundesländer gelebt.
☒ Ich habe seit meiner Geburt ständig innerhalb der alten Bundesländer gelebt.
☐ Mein Geburtsort liegt innerhalb der jetzigen fünf neuen Bundesländer, mein derzeitiger Wohnort liegt innerhalb der alten Bundesländer.
☐ Mein Geburtsort liegt innerhalb der alten Bundesländer, mein derzeitiger Wohnort liegt innerhalb der jetzigen fünf neuen Bundesländer.

Fragen zur Visite
1. Wie lange dauert durchschnittlich das Gespräch mit dem einzelnen Patienten bei der Visite?
   ☐ < 2 Min.   ☐ 2 Min.   ☐ 3 Min.   ☒ 4 Min.   ☐ 5 Min.   ☐ > 5 Min.
2. Stellt der Chefarzt sich persönlich bei den Patienten vor oder wird er von einem der anderen Ärzte vorgestellt?
   ☐ stellt sich persönlich vor   ☒ wird vorgestellt
3. Richtet der Patient während der Visite Fragen an Sie?   ☒ ja   ☐ nein

Allgemeine Fragen zur Kommunikationssituation
1. Wie oft sprechen Sie pro Tag mit jedem einzelnen Patienten außerhalb der Visite?
   _____ca. 1 x_____
2. Wie lange dauern diese Gespräche im Durchschnitt?   ___3 Minuten_____
3. Wie schlimm schätzen Sie die Krankheit für den Patienten ein?
   ☐ sehr schlimm   ☐ schlimm   ☐ nicht so schlimm   ☐ weiß nicht
4. Wie schlimm schätzt der Patient die Krankheit Ihrer Meinung nach ein?
   ☐ sehr schlimm   ☐ schlimm   ☐ nicht so schlimm   ☐ weiß nicht
5. Glauben Sie, dass die Patienten ausreichend über Wirkung und eventuelle Nebenwirkungen von Medikamenten informiert sind?   ☐ ja   ☒ nein
6. Haben Sie das Gefühl, Macht über die Patienten zu besitzen?   ☒ ja   ☐ nein
7. Waren Sie selbst schon einmal Patient in einem Krankenhaus?   ☒ ja   ☐ nein
8. Verhalten Sie sich den Patienten gegenüber seither anders als vorher?   ☐ ja   ☒ nein

Angaben zur Person (AiP)
☒ weiblich ☐ männlich   Alter: 28 Jahre
☐ Ich habe seit meiner Geburt ständig innerhalb der jetzigen fünf neuen Bundesländer gelebt.
☒ Ich habe seit meiner Geburt ständig innerhalb der alten Bundesländer gelebt.
☐ Mein Geburtsort liegt innerhalb der jetzigen fünf neuen Bundesländer, mein derzeitiger Wohnort liegt innerhalb der alten Bundesländer.
☐ Mein Geburtsort liegt innerhalb der alten Bundesländer, mein derzeitiger Wohnort liegt innerhalb der jetzigen fünf neuen Bundesländer.

Fragen zur Visite
1. Wie lange dauert durchschnittlich das Gespräch mit dem einzelnen Patienten bei der Visite?
   ☐ < 2 Min. ☐ 2 Min. ☐ 3 Min. ☐ 4 Min. ☒ 5 Min. ☐ > 5 Min.
2. Stellt der Chefarzt sich persönlich bei den Patienten vor oder wird er von einem der anderen Ärzte vorgestellt?
   ☐ stellt sich persönlich vor   ☒ wird vorgestellt
3. Richtet der Patient während der Visite Fragen an Sie?   ☒ ja   ☐ nein

Allgemeine Fragen zur Kommunikationssituation
1. Wie oft sprechen Sie pro Tag mit jedem einzelnen Patienten außerhalb der Visite?
   nicht mit jedem, mit einzelnen 1 x pro Tag
2. Wie lange dauern diese Gespräche im Durchschnitt?   2 Minuten
3. Wie schlimm schätzen Sie die Krankheit / Verletzung für den Patienten ein?
   ☐ sehr schlimm ☐ schlimm ☐ nicht so schlimm ☐ weiß nicht
4. Wie schlimm schätzt der Patient die Krankheit Ihrer Meinung nach ein?
   ☐ sehr schlimm ☐ schlimm ☐ nicht so schlimm ☐ weiß nicht
5. Glauben Sie, dass die Patienten ausreichend über Wirkung und eventuelle Nebenwirkungen von Medikamenten informiert sind?   ☒ ja   ☐ nein
6. Haben Sie das Gefühl, Macht über die Patienten zu besitzen?   ☐ ja   ☒ nein
7. Waren Sie selbst schon einmal Patient in einem Krankenhaus?   ☐ ja   ☒ nein
8. Verhalten Sie sich den Patienten gegenüber seither anders als vorher?   ☐ ja   ☐ nein

Angaben zur Person (AiP)
☒weiblich ☐männlich   Alter: 37 Jahre
☐Ich habe seit meiner Geburt ständig innerhalb der jetzigen fünf neuen Bundesländer gelebt.
☒Ich habe seit meiner Geburt ständig innerhalb der alten Bundesländer gelebt.
☐Mein Geburtsort liegt innerhalb der jetzigen fünf neuen Bundesländer, mein derzeitiger Wohnort liegt innerhalb der alten Bundesländer.
☐Mein Geburtsort liegt innerhalb der alten Bundesländer, mein derzeitiger Wohnort liegt innerhalb der jetzigen fünf neuen Bundesländer.

Fragen zur Visite
1. Wie lange dauert durchschnittlich das Gespräch mit dem einzelnen Patienten bei der Visite?
   ☐< 2 Min.   ☐2 Min.   ☐3 Min.   ☒4 Min.   ☐5 Min.   ☐ > 5 Min.
2. Stellt der Chefarzt sich persönlich bei den Patienten vor oder wird er von einem der anderen Ärzte vorgestellt?
   ☐stellt sich persönlich vor   ☒wird vorgestellt
3. Richtet der Patient während der Visite Fragen an Sie?   ☒ja   ☐nein

Allgemeine Fragen zur Kommunikationssituation
1. Wie oft sprechen Sie pro Tag mit jedem einzelnen Patienten außerhalb der Visite?
2. Ganz verschieden, mit den meisten Patienten eher nicht , von mir kurzer Gruß auf dem Flur
3. Wie lange dauern diese Gespräche im Durchschnitt?   Minuten bis Viertelstunde
4. Wie schlimm schätzen Sie die Krankheit / Verletzung für den Patienten ein?
   ☐sehr schlimm   ☐schlimm   ☐nicht so schlimm   ☐weiß nicht
5. Wie schlimm schätzt der Patient die Krankheit Ihrer Meinung nach ein?
   ☐sehr schlimm   ☐schlimm   ☐nicht so schlimm   ☐weiß nicht
6. Glauben Sie, dass die Patienten ausreichend über Wirkung und eventuelle Nebenwirkungen von Medikamenten informiert sind?   ☐ja   ☒nein
7. Haben Sie das Gefühl, Macht über die Patienten zu besitzen?   ☒ja   ☐nein
8. Waren Sie selbst schon einmal Patient in einem Krankenhaus?   ☐ja   ☒nein
9. Verhalten Sie sich den Patienten gegenüber seither anders als vorher?   ☐ja   ☐nein

Angaben zur Person (PJ'ler)
☒ weiblich ☐ männlich   Alter: 25 Jahre
☐ Ich habe seit meiner Geburt ständig innerhalb der jetzigen fünf neuen Bundesländer gelebt.
☒ Ich habe seit meiner Geburt ständig innerhalb der alten Bundesländer gelebt.
☐ Mein Geburtsort liegt innerhalb der jetzigen fünf neuen Bundesländer, mein derzeitiger Wohnort liegt innerhalb der alten Bundesländer.
☐ Mein Geburtsort liegt innerhalb der alten Bundesländer, mein derzeitiger Wohnort liegt innerhalb der jetzigen fünf neuen Bundesländer.

Fragen zur Visite
1. Wie lange dauert durchschnittlich das Gespräch mit dem einzelnen Patienten bei der Visite?
   ☐ < 2 Min.   ☐ 2 Min.   ☒ 3 Min.   ☐ 4 Min.   ☐ 5 Min.   ☐ > 5 Min.
2. Stellt der Chefarzt sich persönlich bei den Patienten vor oder wird er von einem der anderen Ärzte vorgestellt?
                                    ☐ stellt sich persönlich vor   ☒ wird vorgestellt
3. Richtet der Patient während der Visite Fragen an Sie?   ☒ ja   ☐ nein

Allgemeine Fragen zur Kommunikationssituation
1. Wie oft sprechen Sie pro Tag mit jedem einzelnen Patienten außerhalb der Visite?
   _____ca. 2 x_____
2. Wie lange dauern diese Gespräche im Durchschnitt? _2 Minuten_____
3. Wie schlimm schätzen Sie die Krankheit / Verletzung für den Patienten ein?
   ☐ sehr schlimm   ☐ schlimm   ☐ nicht so schlimm   ☐ weiß nicht
4. Wie schlimm schätzt der Patient die Krankheit Ihrer Meinung nach ein?
   ☐ sehr schlimm   ☐ schlimm   ☐ nicht so schlimm   ☐ weiß nicht
5. Glauben Sie, dass die Patienten ausreichend über Wirkung und eventuelle Nebenwirkungen von Medikamenten informiert sind?   ☒ ja   ☐ nein
6. Haben Sie das Gefühl, Macht über die Patienten zu besitzen?   ☐ ja   ☒ nein
7. Waren Sie selbst schon einmal Patient in einem Krankenhaus?   ☐ ja   ☒ nein
8. Verhalten Sie sich den Patienten gegenüber seither anders als vorher?   ☐ ja   ☐ nein

Angaben zur Person (PJ'ler)

☐ weiblich   ☒ männlich   Alter: <u>25</u> Jahre
☐ Ich habe seit meiner Geburt ständig innerhalb der jetzigen fünf neuen Bundesländer gelebt.
☒ Ich habe seit meiner Geburt ständig innerhalb der alten Bundesländer gelebt.
☐ Mein Geburtsort liegt innerhalb der jetzigen fünf neuen Bundesländer, mein derzeitiger Wohnort liegt innerhalb der alten Bundesländer.
☐ Mein Geburtsort liegt innerhalb der alten Bundesländer, mein derzeitiger Wohnort liegt innerhalb der jetzigen fünf neuen Bundesländer.

Fragen zur Visite

1. Wie lange dauert durchschnittlich das Gespräch mit dem einzelnen Patienten bei der Visite?
   ☐ < 2 Min.   ☐ 2 Min.   ☐ 3 Min.   ☐ 4 Min.   ☐ 5 Min.   ☒ > 5 Min.
2. Stellt der Chefarzt sich persönlich bei den Patienten vor oder wird er von einem der anderen Ärzte vorgestellt?
   ☐ stellt sich persönlich vor   ☒ wird vorgestellt
3. Richtet der Patient während der Visite Fragen an Sie?   ☒ ja   ☐ nein

Allgemeine Fragen zur Kommunikationssituation

1. Wie oft sprechen Sie pro Tag mit jedem einzelnen Patienten außerhalb der Visite?
   <u>unterschiedlich (1 – 2 x)</u>
2. Wie lange dauern diese Gespräche im Durchschnitt? <u>~ max. 6 – 7 Minuten</u>
3. Wie schlimm schätzen Sie die Krankheit / Verletzung für den Patienten ein?
   ☐ sehr schlimm   ☐ schlimm   ☐ nicht so schlimm   ☐ weiß nicht
4. Wie schlimm schätzt der Patient die Krankheit Ihrer Meinung nach ein?
   ☐ sehr schlimm   ☐ schlimm   ☐ nicht so schlimm   ☐ weiß nicht
5. Glauben Sie, dass die Patienten ausreichend über Wirkung und eventuelle Nebenwirkungen von Medikamenten informiert sind?   ☐ ja   ☒ nein
6. Haben Sie das Gefühl, Macht über die Patienten zu besitzen?   ☐ ja   ☒ nein
7. Waren Sie selbst schon einmal Patient in einem Krankenhaus?   ☒ ja   ☐ nein
8. Verhalten Sie sich den Patienten gegenüber seither anders als vorher?   ☒ ja   ☐ nein

6.2 Gesprächsprotokolle

6.2.1 Memo für Gesprächsprotokolle

Generelle Informationen

Wie groß ist die Station? _____ Zimmer _____ Betten
Wie groß sind die Zimmer?
☐ à 1 Bett ☐ à 2 Betten ☐ à 3 Betten ☐ à 4 Betten ☐ à 5 Betten ☐ à 6 Betten
Wie ist die Zimmerausstattung?
☐ Fernseher ☐ Telefon Bettwäsche (Farbe / Muster) _____
Gibt es Besuchszeiten? ☐ ja Zeiten _____ ☐ nein
Welche Kleidung tragen Ärzte / Schwestern / Pfleger / PJ'ler / Sonstige?
Chefarzt _____
Oberarzt _____
Stationsarzt _____
Assistenzarzt _____
Arzt im Praktikum _____
PJ'ler _____
Oberschwester _____
Stationsschwester _____
Schwester _____
Lernschwester _____
Pfleger _____
Wovon hängt der Beginn der Visite ab?

Informationen, die täglich eingeholt werden müssen

Wie viele Patienten befinden sich auf der Station?

1. Tag _____ 2. Tag _____ 3. Tag _____ 4. Tag _____ 5. Tag _____

Die Visite

Wer nimmt an der Visite teil?

☐ Chefarzt ☐ Oberarzt ☐ Stationsarzt ☐ Assistenzarzt ☐ AiP ☐ PJ'ler

☐ Oberschwester ☐ Stationsschwester ☐ Schwester ☐ Lernschwester ☐ Pfleger

Wann beginnt die Visite? _____ Uhr

Wer öffnet bei der Visite die Tür?

☐ Chefarzt ☐ Oberarzt ☐ Stationsarzt ☐ Assistenzarzt ☐ AiP ☐ PJ'ler

☐ Oberschwester ☐ Stationsschwester ☐ Schwester ☐ Lernschwester ☐ Pfleger

In welcher Reihenfolge betreten Ärzte und Pflegepersonal die Krankenzimmer der Patienten?

☐ Chefarzt ☐ Oberarzt ☐ Stationsarzt ☐ Assistenzarzt ☐ AiP ☐ PJ'ler

☐ Oberschwester ☐ Stationsschwester ☐ Schwester ☐ Lernschwester ☐ Pfleger

Wird der Chefarzt vorgestellt? ☐ Chefarzt ☐ Name

Stellt sich der Chefarzt selbst vor? ☐ Chefarzt ☐ Name

Welcher Arzt steht wo?

Ch = Chefarzt
OA = Oberarzt
StA = Stationsarzt
A = Assistenzarzt
AiP = Arzt im Praktikum
PJ = PJ'ler
OS = Oberschwester
StS = Stationsschwester
Sch = Schwester
LS = Lernschwester
Pf = Pfleger

Wann endet die Visite? _____ Uhr

Wie lang dauert die Visite bei jedem einzelnen Patienten?

☐< 2 Min. ☐2 Min. ☐3 Min. ☐4 Min. ☐5 Min. ☐> 5 Min.

(Wie lange dauert das Gespräch zwischen Arzt und Patient? ☐ Min.)

(Wie lange dauert das Gespräch zwischen Arzt und Arzt? ☐ Min.)

(Wie lange dauert das Gespräch zwischen Arzt und Schwester? ☐ Min.)

Wer spricht mit dem Patienten?

☐ Chefarzt ☐ Oberarzt ☐ Stationsarzt ☐ Assistenzarzt ☐ AiP ☐ PJ'ler

☐ Oberschwester ☐ Stationsschwester ☐ Schwester ☐ Lernschwester ☐ Pfleger

'Sieht' der Arzt den Patienten oder nur seine Aufzeichnungen über ihn an?

☐Patient ☐Aufzeichnungen

Lässt sich der Patient vom Verhalten des Arztes einschüchtern? ☐ja ☐nein

Ermutigt der Arzt den Patienten zum Sprechen? ☐ ja ☐ nein

Nimmt der Patient die Entscheidung des Arztes ohne Gegenwehr hin? ☐ ja ☐ nein

Wen spricht der Patient an?

☐ Chefarzt ☐ Oberarzt ☐ Stationsarzt ☐ Assistenzarzt ☐ AiP ☐ PJ'ler

☐ Oberschwester ☐ Stationsschwester ☐ Schwester ☐ Lernschwester ☐ Pfleger

Reagiert der Arzt auf das, was der Patient sagt? ☐ ja ☐ nein

(Wie verhalten sich die Ärzte zueinander?)

Stellt der Patient konkrete Fragen an den Arzt? ☐ ja ☐ nein

Gibt der Arzt konkrete Antworten? ☐ ja ☐ nein

'Weicht' der Arzt dem Patienten bei Fragen 'aus'? ☐ ja ☐ nein

Reden beide aneinander vorbei? ☐ ja ☐ nein

Wie reagiert der Patient auf den Arzt?

Wie reagiert der Arzt auf den Patienten?

Glaubt der Arzt dem Patienten bei - für die Krankheit - unbekannter Symptomatik? ☐ ja ☐ nein

Wie verhält sich der Arzt gegenüber Privatpatienten?

7 Bibliographie

Adorno, Theodor W. u.a.: Der Positivismusstreit in der deutschen Soziologie. Darmstadt, 1972 (nicht eingesehen)

Badura, Bernhard: Mathematische und soziologische Theorie der Kommunikation. In: Burkart, Roland; Walter Hömberg (Hrsg.): Kommunikationstheorien. Ein Textbuch zur Einführung. Studienbücher zur Publizistik- und Kommunikationswissenschaft (Hrsgg. v. W. R. Langenbucher), Bd. 8. Wien: Braunmüller, 1992 (nicht eingesehen)

Becher, Wolf: Geschichte der Krankenhäuser. In: Neuberger, Max und Julius Pagel (Hrsg.): Handbuch der Geschichte der Medizin. Dritter Band. Die neuere Zeit. Zweiter Teil. Reprografischer Nachdruck der Ausgabe Jena 1905. Hildesheim: Georg Olms Verlag, 1971a

Becher, Wolf: Geschichte des medizinischen Unterrichts. In: Neuberger, Max und Julius Pagel (Hrsg.): Handbuch der Geschichte der Medizin. Dritter Band. Die neuere Zeit. Zweiter Teil. Reprografischer Nachdruck der Ausgabe Jena 1905. Hildesheim: Georg Olms Verlag, 1971b

Bernsdorf, Wilhelm (Hrsg.): Wörterbuch der Soziologie. Berlin, 1969^2 (nicht eingesehen)

Brockhaus Enzyklopädie. Bd. 23, Mannheim: Brockhaus, 1994^{19}

Burkart, Roland: Kommunikationswissenschaft. Grundlagen und Problemfelder. Umrisse einer interdisziplinären Sozialwissenschaft. Wien: Böhlau Verlag, 1995^2

Burkart, Roland; Walter Hömberg (Hrsg.): Kommunikationstheorien. Ein Textbuch zur Einführung. Studienbücher zur Publizistik- und Kommunikationswissnschaft (Hrsgg. v. W. R. Langenbucher), Bd. 8. Wien: Braunmüller, 1992 (nicht eingesehen)

Der Bundesminister für Arbeit und Sozialordnung (Hrsg.): Zur Humanität im Krankenhaus. Forschungsbericht. Materialband Anhang 2. Fallstudien. Fallstudie 6: OP-Information und präoperative Versorgung. (S. 427-473) Bonn-Bad Godesberg, 1980

Engelhardt, Karlheinz, Alfred Wirth, Lothar Kindermann: Kranke im Krankenhaus. Grenzen und Ergänzungsbedürftigkeit naturwissenschaftlich-technischer Medizin. Stuttgart: Ferdinand Enke Verlag, 1973

Goffman, Erving: Asyle. Über die soziale Situation psychiatrischer Patienten und anderer Insassen. Frankfurt a.M.: Suhrkamp Verlag, 1973

Gudjons, H.: Spielbuch Interaktionserziehung. Bad Heilbrunn: Klinkhardt, 1987^3

Hagen, Horst; Wally Hagen; Rainer Hummert: „Eine Frage noch, Herr Doktor!" Die *unausgesprochenen* Probleme der Patienten. Genf: Ariston Verlag, 1990

Hall, Oswald: Sociological Research in the Field of Medicine – Progress and Prospects. The American Sociological Review 16, 1951

Jetter, Dieter: Grundzüge der Krankenhausgeschichte (1800 - 1900). Darmstadt: Wissenschaftliche Buchgesellschaft, 1977

Kant, Immanuel: Zum ewigen Frieden. Ein philosophischer Entwurf. In Kant, Immanuel: Werke in sechs Bänden. Bd. 6. Schriften zur Anthropologie, Geschichtsphilosophie, Politik und Pädagogik. (S. 194 - 251). Weischedel, Wilhelm (Hrsg.). Frankfurt a. M.: Insel-Verlag. 1964.

Karenberg, Axel: Das moderne Krankenhaus nimmt Formen an. Das Allgemeine Krankenhaus in Wien als Vorbild. In: Schott, Heinz (Hrsg.): Meilensteine der Medizin. (S. 270 – 275) Dortmund: Harenberg Verlag, 1996

Karenberg, Axel: Lernen am Bett des Kranken. Die frühen Universitätskliniken in Deutschland (1760 – 1840). Hürtgenwald: Guido Pressler Verlag, 1997

Köhle, Karl und Hans-Heinrich Raspe (Hrsg.): Das Gespräch während der ärztlichen Visite. Empirische Untersuchungen. München: Urban & Schwarzenberg, 1982

Löning, Petra: Das Arzt-Patienten-Gespräch. Gesprächsanalyse eines Fachkommunikationstyps. Bern: Verlag Peter Lang, 1985

Luban-Plozza, Boris und Lothar Knaak: Der Arzt als Arznei. Das therapeutische Bündnis mit dem Patienten. Köln: Deutscher Ärzte Verlag, 1982^2

Luhmann, Niklas: Institutionalisierung – Funktion und Mechanismus im sozialen System der Gesellschaft: In: Schelsky, Helmut (Hrsg.): Zur Theorie der Institution. Düsseldorf: Bertelsmann Universitätsverlag, 1970

Maaß, Eberhard: Anmerkungen zur Geschichte der klinischen Visite. In: Köhle, Karl und Hans-Heinrich Raspe (Hrsg.): Das Gespräch während der ärztlichen Visite. Empirische Untersuchungen. München: Urban & Schwarzenberg, 1982

Neuberger, Max und Julius Pagel (Hrsg.): Handbuch der Geschichte der Medizin. Dritter Band. Die neuere Zeit. Zweiter Teil. Reprografischer Nachdruck der Ausgabe Jena 1905. Hildesheim: Georg Olms Verlag, 1971

Ott, Roland: Die Stationsvisite – quantitative und qualitative Analyse internistischgeriatrischer Visitengespräche und Konsequenzen für den Klinikalltag. Münster: Lit Verlag, 1996

Pfeiffer, Wolfgang M.: Psychologie des kranken Menschen. Stuttgart: Verlag W. Kohlhammer, 1986

Popper, Karl: Die Logik der Sozialwissenschaften. In: Adorno, Theodor W. u.a.: Der Positivismusstreit in der deutschen Soziologie. Darmstadt, 1972 (nicht eingesehen)

Raspe, H. H. und J. Nordmeyer: Die Stationsarztvisite: eine verschenkte Möglichkeit?, S. 1021-1025 in: Therapiewoche. Karlsruhe 31, 1981 (nicht eingesehen)

Rogers, Carl R.: Der neue Mensch. Stuttgart: Klett Cotta, 1981

Rohde, Johann Jürgen: Soziologie des Krankenhauses. Zur Einführung in die Soziologie der Medizin. Stuttgart: Ferdinand Enke Verlag, 1974.

Scheidt, Jörg von; Christel von Scheidt; Marie-Luise Eikelbeck: Psychologie für Krankenpflegeberufe. München: Quintessenz Verlags GmbH, 1991.

Schelsky, Helmut (Hrsg.): Zur Theorie der Institution. Düsseldorf: Bertelsmann Universitätsverlag, 1970

Schott, Heinz (Hrsg.): Meilensteine der Medizin. Dortmund: Harenberg Verlag, 1996

Schraml, J.: Psychologie im Krankenhaus: Bern: Huber Verlag, 1970

Schülein, Johann August: Theorie der Institution. Eine dogmengeschichtliche und konzeptionelle Analyse. Opladen: Westdeutscher Verlag GmbH, 1987

Siegrist, Johannes: Asymmetrische Kommunikation bei klinischen Visiten. In: Medizinische Klinik, 71: 1962-1966, 1976 (nicht eingesehen)

Siegrist, Johannes: Arbeit und Interaktion im Krankenhaus. Vergleichende medizinsoziologische Untersuchungen in Akutkrankenhäusern. Stuttgart: Ferdinand Enke Verlag, 1978 (nicht eingesehen)

Sporken, Paul: Menschlich pflegen. Ethische Überlegungen. In: Sporken, Paul; Curt M. Genewein (Hrsg.): Mensch sein, Mensch bleiben im Krankenhaus. Düsseldorf: Patmos Verlag, 1979.

Sporken, Paul; Curt M. Genewein (Hrsg.): Mensch sein, Mensch bleiben im Krankenhaus. Düsseldorf: Patmos Verlag, 1979.

Stromberger, Peter: Wissenschaftliche Aussagen. In: Stromberger, Peter / Teichert, Will: Einführung in soziologisches Denken. Weinheim, 1978 (nicht eingesehen)

Stromberger, Peter / Teichert, Will: Einführung in soziologisches Denken. Weinheim, 1978 (nicht eingesehen)

Wilmanns, Juliane C.: Die ersten Krankenhäuser in Europa. Der Sanitätsdienst des Imperium Romanum. In: Schott, Heinz (Hrsg.): Meilensteine der Medizin. Dortmund: Harenberg Verlag, 1996

Wunderlich, Dieter: Entwicklungen der Diskursanalyse. In: Wunderlich, Dieter: Studien zur Sprechakttheorie. Frankfurt: Suhrkamp 1976 (nicht eingesehen)

Wunderlich, Dieter: Studien zur Sprechakttheorie. Frankfurt: Suhrkamp 1976 (nicht eingesehen)

www.ingramcontent.com/pod-product-compliance
Lightning Source LLC
Chambersburg PA
CBHW051812230426
43672CB00012B/2711